工业互联网安全与应用

主　编　顾理军　顾卫杰
副主编　王福章　马添麒

北京理工大学出版社
BEIJING INSTITUTE OF TECHNOLOGY PRESS

内 容 简 介

本书以"区域集中供能系统的工业互联网建设"为线索,系统地讲解了工业互联网建设与安全管理相关知识。全书共 4 个项目,包括区域集中供能系统的工业互联网总体方案规划、网络设备与服务器部署、工业网络安全设备部署、工业通信协议配置与安全管理。

本书强调理论与实践相结合,操作部分配有丰富的动手任务。本书每个任务设计了学习目标、任务要求、知识准备、任务实施、任务评价、课后任务与工作任务单环节,读者可以边学边练,巩固并拓展所学知识,提高动手能力;配合每一章节的课程思政设计,为读者树立正确的价值观、职业观。

本书既可以作为高校物联网与工业互联网专业的教材,又可作为工业互联网方向从业者的参考用书。

图书在版编目(C I P)数据

工业互联网安全与应用 / 顾理军,顾卫杰主编. --
北京 : 北京理工大学出版社,2024.4
ISBN 978 - 7 - 5763 - 3859 - 1

Ⅰ. ①工… Ⅱ. ①顾… ②顾… Ⅲ. ①互联网络 - 应
用 - 工业发展 - 网络安全 Ⅳ. ①F403 - 39②TP393.08

中国国家版本馆 CIP 数据核字(2024)第 082744 号

责任编辑:陈莉华	文案编辑:李海燕
责任校对:周瑞红	责任印制:施胜娟

出版发行 / 北京理工大学出版社有限责任公司
社　　址 / 北京市丰台区四合庄路 6 号
邮　　编 / 100070
电　　话 / (010) 68914026(教材售后服务热线)
　　　　　 (010) 68944437(课件资源服务热线)
网　　址 / http://www.bitpress.com.cn

版 印 次 / 2024 年 4 月第 1 版第 1 次印刷
印　　刷 / 唐山富达印务有限公司
开　　本 / 787 mm × 1092 mm　1/16
印　　张 / 12.75
彩　　插 / 1
字　　数 / 292 千字
定　　价 / 60.00 元

前 言

一、本书背景

智能制造是制造业的重要发展方向，对于巩固实体经济根基、建成现代产业体系、实现新型工业化具有重要作用。随着"中国制造2025"的全面推进，工业数字化、网络化、智能化加快发展，智能制造领域面临严峻的信息安全威胁。工业控制系统存在一定的漏洞和安全隐患，这为工业网络安全带来了巨大的挑战。

为了应对这些挑战，国家已经发布了相关的规划和政策。例如，《"十四五"信息化和工业化深度融合发展规划》全面部署了"十四五"时期两化深度融合发展工作重点，加速制造业数字化转型。此外，八部门还印发了《"十四五"智能制造发展规划》，为智能制造的发展提供了明确的指导和支持。

在实际操作中，为了构建面向智能工厂的工业网络安全防护体系，需要针对典型业务场景，围绕制造流程，进行分层级安全防护，形成全覆盖的工控安全防护网。这样可以确保智能制造的安全、稳定和高效运行，为我国制造业的持续、健康和高质量发展提供有力保障。

在此背景下，依托实际工程项目"某地区区域集中供能系统"，选取"区域集中供能系统的工业互联网建设"为具体方向，编写了本书并开发了相关教学资源。

二、内容结构

本书以工业互联网安全与应用开发岗位所需知识、能力、素养的培养为目标，在智能制造产业背景下，以工业互联网系统的设计、开发、集成三部分为主线，对工业数据进行实时采集、可靠传输和交互应用。内容对接"工业互联网实施与运维"1＋X证书、全面融入思政教育元素、贯穿劳动教育。本书以企业真实项目"区域集中供能系统的工业互联网建设"为蓝本，主要介绍了工业互联网的常见设备、体系与架构、网络业务设备与服务器部署、网络安全设备部署与管理以及常见的工业通信协议和安全管理，如图1所示。

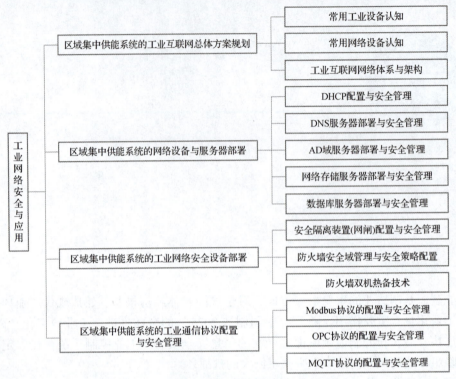

图 1　项目教学内容框架

　　本书秉承"项目引领、任务驱动、行动导向"理念,在职业活动中使学生形成能力、掌握知识。项目导入部分主要包括项目介绍、知识图谱、学习要求;项目实施部分主要包括学习目标、任务要求、知识准备、任务实施、任务评价和课后任务,形成以目标为导向、评价为反馈的学习闭环;项目教学评价采用问卷形式,对教学组织、授课内容、授课教师等指标进行评测,全面了解学生对项目学习的感想收获,便于教师进行教学改进。教材组织结构如图 2 所示。

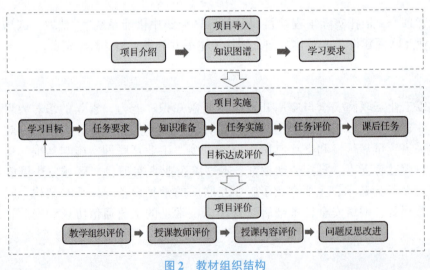

图 2　教材组织结构

（1）项目介绍：介绍本项目的实施背景、任务内容，以及各子任务之间的逻辑关联。

（2）知识图谱：清晰描绘项目中所覆盖并需要掌握的知识点、技能点，帮助学生从宏观角度梳理学习思路，系统性地把握项目学习内容。

（3）学习要求：明确该项目的总体学习要求，主要涵盖了思政素养、职业素养、信息素养和劳动素养等方面的综合要求，旨在促进学生德智体美劳的全面发展。

三、本书特色

1. 产教融合，项目引入

在智能制造产业背景下，本书依托合作企业真实项目"区域集中供能系统的工业互联网建设"，以培养学生工业互联网系统的设计、开发、集成为目标，采用"项目引领、任务驱动、行动导向、学做合一"的方式，各项目均由若干由简到难、循序渐进的任务组成，符合学生认知规律和实践性要求，使学生在完成任务的过程中，习得知识、形成技能。

2. 课程思政，育人为本

以坚定理想信念，培育社会主义核心价值观、职业素养和工匠精神为课程思政目标，全面深入挖掘蕴含于教材中的思政元素，并采用案例渗透、体验探究等方法，将爱国主义、法治意识、规范意识、劳动价值观教育等融入、贯穿教学全过程。各项目学习要求中设置了"思政目标"内容，实现教材德育的隐性渗透，为教师和学生开展课程思政教育提供了双向借鉴。

3. 书证通融，对接标准

本书将 1＋X 证书"工业互联网实施与运维"的技能点与项目内容进行匹配，对项目内容重新整合、拓展、补充，有机融入工业网络架构、Modbus 通信协议、OPC 通信协议等知识点。以证书考纲中的理论、实操和素养考点为学习评价的主要构成，实现书证融通，提升核心职业能力。

4. 资源丰富，形式新颖

本书配套课程标准、授课计划、微课视频、教学课件（PPT）、应用程序源代码、题库等立体化数字资源，书中所提供的视频、动画、网络资源等二维码均可随扫随学。配套在线课程可支持学生自主学习，并辅助开展提问、讨论、测试、作业等课堂活动。采用活页式编排，便于及时补充项目案例和最新技术；书中记录栏和总结栏便于学生记录学习过程、结果和问题，不断反思改进，提升学习效果。

四、教学建议

课程学时分配如表 1 所示。

表 1　课程学时分配

序号	项目名称	任务名称	分配学时建议	
			理论	实践
1	区域集中供能系统的工业互联网总体方案规划	常用工业设备认知	2	2
2		常用网络设备认知	2	2
3		工业互联网网络体系与架构	2	4

序号	项目名称	任务名称	分配学时建议	
			理论	实践
4	区域集中供能系统的网络设备与服务器部署	DHCP 配置与安全管理	2	4
5		DNS 服务器部署与安全管理	2	4
6		AD 域服务器部署与安全管理	2	4
7		网络存储服务器部署与安全管理	2	4
8		数据库服务器部署与安全管理	2	4
9	区域集中供能系统的工业网络安全设备部署	安全隔离装置（网闸）配置与安全管理	2	4
10		防火墙安全域管理与安全策略配置	2	4
11		防火墙双机热备技术	2	4
12	区域集中供能系统的工业通信协议配置与安全管理	Modbus 协议的配置与安全管理	2	4
13		OPC 协议的配置与安全管理	2	4
14		MQTT 协议的配置与安全管理	2	4
		合计	28	52

五、致谢

衷心感谢常州机电职业技术学院对工业互联网安全与应用课程建设的大力支持。感谢北京华晟经世信息技术股份有限公司提供了项目资源、编写人员和技术指导。感谢北京理工大学出版社为本书出版付出的辛勤劳动以及向作者提出的有益修改建议。

本书由常州机电职业技术学院的顾理军、顾卫杰担任主编，北京华晟经世信息技术股份有限公司的王福章、马添麒担任副主编，常州机电职业技术学院杨建新、楼竞、杨保华、曹帅、黄慷明参与编写。在此，向他们一并表示谢意。

由于编者水平有限，书中难免存在疏漏和不足之处，恳请广大读者批评指正。

编　者

项目总体设计

1. 项目概况

该项目是本书与合作企业北京华晟经世信息技术股份有限公司共同开发，依托企业工程师参与的真实项目"区域集中供能系统"。该项目主要使用水源热泵与地源热泵，通过热泵技术将低温热能提升到高温热能，然后通过管网分配到各个建筑物中。这种系统具有节能、低碳、环保、节约建筑空间等特点。水源热泵区域供能系统由取水泵站、能源站、用户换热站、末端设备及配套管网组成。在夏季、冬季与地表水（江水、湖水、中水等）进行热量转移，通过能源站热泵、用户换热站、空调水系统进行热交换，实现夏季供冷、冬季供热。项目不仅融入环境，还节能降噪，不再有冷却塔产生的噪声和飘雾，也没有了传统空调的热排放问题，可以缓解"热岛效应"。

该项目中"区域集中供能系统的工业互联网建设"利用工业互联网技术，实现系统运行信息的自动获取与智能分析，并根据分析结果反馈到控制中台，辅助运维人员调控整个系统。系统需要通过各类传感器获得所需参数，如温度、湿度、振动、电力、水流等数据；同时需要建立稳定、安全的数据传输通道；配套一系列网络设备与组网方案。系统还需要接入区域集中供能单位，为系统设计规划工程师，实现系统未来的迭代升级；接入单位财务人员与管理层，提供与经济相关的数据信息；接入客户服务人员，为用户提供及时的服务与反馈。

2. 课程思政设计

本教材将立德树人作为根本任务和中心环节，以培养德智体美劳全面发展的社会主义建设者和接班人为宗旨，设计了系统化的课程思政教育内容，在知识传授、技能培养的同时，实现价值引领、精神塑造，发挥课程的育人功效。采用案例渗透、专题嵌入、提炼引申、体验探究等融入方法，全面挖掘、提炼蕴含于教材内容中的思政元素，主要涵盖了爱国主义、核心意识、法治意识、工匠精神、职业素养等内容，实现教材德育的隐性渗透，为教师和学生开展课程思政教育提供了双向参考借鉴。各项目的课程思政总体教学设计如表1所示。

表1　各项目的课程思政总体教学设计

序号	项目名称	任务名称	思政元素
1	区域集中供能系统的工业互联网总体方案规划	常用工业设备认知	自主学习、终身学习
2		常用网络设备认知	辩证思维：矛盾与统一
3		工业互联网网络体系与架构	职业素养：规范意识

序号	项目名称	任务名称	思政元素
4	区域集中供能系统的网络设备与服务器部署	DHCP 配置与安全管理	思维方案：目标导向
5		DNS 服务器部署与安全管理	诚实守信
6		AD 域服务器部署与安全管理	爱国守法：法治意识
7		网络存储服务器部署与安全管理	职业素养：求真务实
8		数据库服务器部署与安全管理	爱集体、团结协作
9	区域集中供能系统的工业网络安全设备部署	安全隔离装置（网闸）配置与安全管理	爱国、爱党：核心意识
10		防火墙安全域管理与安全策略配置	思维方法：具体问题具体分析
11		防火墙双机热备技术	职业素养：攻坚钻研
12	区域集中供能系统的工业通信协议配置与安全管理	Modbus 协议的配置与安全管理	辩证思维：事物发展规律
13		OPC 协议的配置与安全管理	辩证思维：对立统一
14		MQTT 协议的配置与安全管理	职业素养：创新精神

目录

区域集中供能系统的工业互联网总体方案规划

项目介绍

在区域集中供能系统项目开发前，需要先进行总体方案设计，再实施各子系统的设计开发，最终将各子系统集成并进行调试。因此，本项目以"区域集中供能系统"为背景，首先，通过完成工业设备的认知、网络设备的认知和工业互联网网络体系与网络拓扑结构的认知，掌握工业自动化系统到工业网络系统中的各项设备选型，从而掌握工业互联网从底层至顶层的架构，为后续系统的开发奠定基础。其次，根据具体的系统开发需求，按照规范要求撰写选型单，绘制网络拓扑图与架构图。

学习要求

（1）通过"常用工业设备认知""常用网络设备认知"两个任务，了解现代工业发展情况与现代网络发展水平，提高知识储备，养成自主学习、终身学习的习惯。

（2）通过"工业互联网网络体系与架构"的学习，掌握专业参考书、政策文件等文献的检索与阅读能力，以及信息选取、整合能力，培养信息获取和评价的基本信息素养。

（3）使用实训设备时，需要注意用电安全，禁止带电热拔插设备，保持工位整洁，设备使用后需恢复原位，恢复正常功能。培养良好的职业习惯与职业态度，养成热爱劳动的习惯。

知识图谱

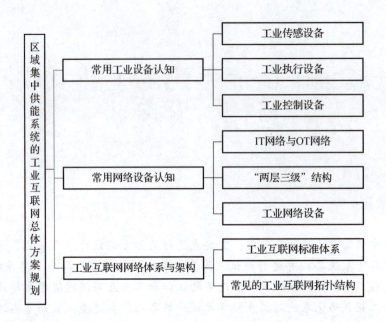

任务1.1 常用工业设备认知

学习目标

（1）了解工业传感器的分类、特点和用途。

（2）了解工业执行设备的分类、特点和用途。

（3）了解工业控制设备的分类及常见设备介绍。

（4）能识别工业系统架构图中的相关设备并查询相关资料。

（5）能使用 Visio 绘制工业系统架构图。

（6）了解工业设备与架构与时俱进的特点，培养自主学习、终身学习意识。

任务要求

（1）观看现代化工业产线与自动化、智能化设备科普介绍，了解工业生产过程中所涉及的常用传感设备、控制设备、执行设备，掌握各类设备间的电气连接、通信连接特点。

（2）学习 Visio 绘图软件基本功能与使用方法，并绘制出工业传感设备、控制设备、执行设备的部署结构图。

知识准备

工业传感器设备认知

1.1.1 工业传感设备

传感器（Sensor）是用于侦测环境中所发生事件或变化，并将此消息发送至其他电子设备（如中央处理器）的设备，通常由感测器件和转换器件组成。

传感器有多种分类方式，例如按工作原理分类，可分为电阻式、电容式、电感式、压电、热电、磁电、光电、电化学等；按技术分类，可分为气体传感器、图像传感器、电量传感器、位移传感器等。但是最常用的还是按应用分类，工业现场常见的传感器如压力传感器、温度传感器、湿度传感器、流量传感器、液位传感器、浸水传感器、照度传感器、差压变送器、位移传感器、称重传感器、测距传感器等。

用量较大的首先是温度传感器，常规的工业温度传感器有有源和无源两种，用于满足各种需要。先进的工业温度传感器通过对有源温度传感器量程的再设定，可以快速满足不同的测量要求。以下介绍几种常见的工业温度传感器：

①室内温度传感器。即使在动态的空气环境中，传感器也能分辨出室内和墙体的温度影响比例，保证房间的温度要求。西门子室内温度传感器（QAA）如图1-1-1所示。

②室外温度传感器。为了保持能量需求的经济性，室外温度传感器考虑了风、外墙温度和阳光辐射等影响，有卡箍式、浸入式和缆式传感器之分。西门子浸入式温度传感器（QAE）如图1-1-2所示。

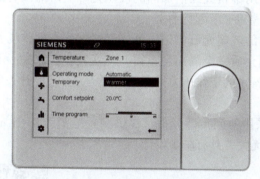

图1-1-1 西门子室内温度传感器（QAA）

图1-1-2 西门子浸入式
温度传感器（QAE）

基于经典的设计和快速响应时间，传感器可以提供优化的控制。

③风管温度传感器。采用平均温度测量方式，无论是风管内分层温度，还是不同风量状态，传感器可以提供非常精确的测量结果，并且传感器可以灵活安装。西门子风管温度传感器（QAM）如图1-1-3所示。

用于能源优化控制的还有湿度传感器，湿度传感器采用电容测量元件，长时间地提供准确的测量，通过微处理器技术和温度补偿经验算法，保证在整个测量范围内的精度。另外通过传感器密封技术防止风管与化学物质的影响。西门子温湿度传感器（QFA）如图1-1-4所示。

图1-1-3　西门子风管温度传感器（QAM）　　图1-1-4　西门子温湿度传感器（QFA）

用量同样大的是压力传感器，从低压到高压，包含液体、气体，如水、制冷剂、空气的压力测量。测量元件需要满足不同压力量程的要求，消除温度的影响，提供稳定的精度。以下介绍几种常见的工业压力传感器：

①空气压差检测传感器。空气压差检测传感器采用隔膜腔技术，在制作时都经过激光检测与校准，保证传感器的长时间稳定运行。

②液体压力传感器。液体压力传感器基于不锈钢和压电电阻测量方式，适合压力负荷变化较大的静压、动压测量，电路部分密封隔离，避免外部温度和湿度影响，制冷领域专用的压力传感器通过特殊焊接与安装方式，可适应多种制冷剂，耐高温、耐腐蚀。

最后介绍的是流量传感器，该种传感器也广泛用于工业生产现场。以下介绍几种常见的工业流量传感器：

①涡流流量传感器。涡流流量传感器采用塑料或红铜加固的玻璃光纤，内部没有活动部件，不会结垢也不会产生压力损失，使用寿命长，稳定性好。

②流量开关。流量开关是由塑料和加固的玻璃光纤制造，流体经过时，产生磁场并带动干簧管，继而输出信号，因此测量元件同介质完全隔离且不需要弹簧复位。取决于不同的型号，流量开关提供25 bar（1 bar = 10^5 Pa）的工作压力，而不需要压力旁通。开关信号同压力无关，仅同流量有关。

③空气流速传感器。空气流速传感器采用薄膜传感元件，提供测量范围为0~5 m/s，0~10 m/s，0~15 m/s。传感器同流体方向无关，且有防尘设计。

1.1.2　工业执行设备

执行器（Actuators）又称促动器、致动器、操动件、执行机构、驱动器或驱动件，是自动控制系统中的执行机构和控制阀组合体。它在自动化控制系统中的作用是接受来自调节器或计算机（DCS、PLC等）发出的信号，对受控对象施加控制作用。

工业执行器设备认知

执行器有诸多分类方式，按所用驱动能源分为气动、电动和液压执行器三种；按输出位移的形式，执行器有转角型和直线型两种；按动作规律，执行器分为开关型、积分型和比例型三类；按输入控制信号，执行器分为可以输入空气压力信号、直流电流信号、电接点通断信号、脉冲信号等几类。

以下介绍几种常见的工业执行器：

1）气动执行器

气动执行器是以压缩空气为动力，实现对阀门的控制，具有结构简单、动作可靠、性能稳定、维修方便、防火防爆，并且易于制成较大推力的执行机构，价格便宜，检修维护简单、对环境的适应性好等优点。缺点是实现控制必须敷设专用的气源管道，对于双作用的气动执行器，断气源后不能回到预设位置；单作用的气动执行器，断气源后可以依靠弹簧回到预设位置。气动执行器按照控制气压转换成位移的方式不同，可分为薄膜式、活塞式和齿轮齿条式。

2）电动执行器

电动执行器在工业控制系统中是电动单元组合仪表中一个很重要的执行单元。电动执行器一般由控制电路和执行机构两个在电路上完全独立的部分组成，可接收来自 DCS 系统的控制信号，将其线性地转换成机械转角或直线位移，用来操作风门、挡板、阀门等调节机构，以实现控制。优点是能源取用方便，信号传输速度快，传输距离远，便于集中控制，灵敏度和精度较高，与电动调节仪表配合方便，安装接线简单。缺点是结构复杂，平均故障率高于气动执行机构，适用于防爆要求不高、气源缺乏的场所。按照输出的轴运动方式分为直行程和角行程两种。

3）液动执行器

液动执行器是以液压油为动力完成执行动作的一种执行器。液动执行器的实际应用在三种执行器（电动、气动、液动）中最低，只有一些大型工作场合才会用到液动执行器。

液动执行器的输出推动力要高于气动执行器和电动执行器，且液动执行器的输出力矩可以根据要求进行精确的调整。液动执行器的传动更为平稳可靠，有缓冲无撞击现象，适用于对传动要求较高的工作环境。液动执行器的调节精度高，响应速度快，能实现高精确度控制。液动执行器是使用液压油驱动，液体本身有不可压缩的特性，因此液动执行器能轻易获得较好的抗偏离能力。由于使用液压方式驱动，在操作过程中不会出现电动设备常见的打火现象，因此防爆性能要高于电动执行器。

液动执行器的工作需要外部的液压系统支持，运行液动执行器要配备液压和输油管路，这造成液动执行器相对电动执行器和气动执行器来说，一次性投资更大，安装工程量也更多，因此只有在较大的工作场合，数字电液（Digital Electro – Hydraulic，DEH）系统，才使用液动执行器。

1.1.3 工业控制设备

工业控制原理
与逻辑

大型工厂的过程控制经过许多阶段的演进。一开始，控制是在透过各个生产机器的面板进行，这个就需要操作人员轮流在各个机器的面板前进行操作，而且无法看到整体的流程。下一个逻辑上的进展是将所有的工厂量测设备面板整合到一个持续有人监控的中控室。控制器多半是在其对应面板的背后，所有自动及手动的控制输出是透过气动或是电子信号传送到工厂对应的机器。因此，工厂各处的面板集中在一个地方，是有效率的做法，好处是节省监控的人力需求，也可以看到流程的整体情形。

不过系统虽然以中央控制方式运作，但是每个控制环及其控制器硬件的配置不容易调整，若需要重新调整系统，就需要重新配线。为了监控整个制程的情形，也需要有固定的人力，在大的监控室中不同的设备仪表之间进行监控。随着电子处理器、高速电子网络以及电子绘图显示器的问世，已经可以将这些个别的控制器整合成以电脑为基础的控制系统，放在由许多输入/输出模组及其控制器组成的网络系统中。这些设备可以分散在工厂的各处，可以彼此通信，而在中控室中有绘图显示。这就是"分散式控制"（Distributed Control）概念的实现。

分散式控制的出现让工厂控制设备的互联以及重新组态更加灵活，可以有像是互锁或是串接回路的功能，也可以和其他生产的电脑系统连线。可以提供整体的工厂状态以及生产情形概观。针对大型控制系统，出现了"分散式控制系统"（Distributed Control System，DCS）的名称，指由许多制造商提供的专属模组化系统，整合了高速网络、显示以及控制器模组。

DCS 的应用可以符合大型连续工业制程的需求，但在一些以组合逻辑以及顺序逻辑为主要需求的产业中，开始用可编程逻辑控制器（Program Logic Control，PLC）来代替许多用在事件驱动控制的继电器以及计时器。早期的控制系统很难重新组态，也很难除错，PLC 控制可以让许多信号组成的网络连到有电子显示的中央控制区域中。PLC 一开始是为了车辆产业的汽车组装生产线所开发，其中的顺序逻辑非常复杂。PLC 很快就适用于大量的事件驱动应用里，如印刷产业以及水处理厂。

数据采集与监视控制系统（Supervisory Control And Data Acquisition，SCADA）的历史是从分散式应用开始的，例如电厂、天然气以及供水系统，这些应用透过不一定可靠，或是低带宽、高延迟的网络来收集大量资料。SCADA 系统使用开回路控制器，其设备之间可能有相当的距离，其中会使用远程终端装置（Remote Terminal Unit，RTU）来传送监控资料给控制中心。在连接不到主系统时，大部分 RTU 系统有能力处理一些简易的近端控制。而近年来的 RTU 系统处理近端控制的能力也越来越强。

随着时代的演进，DCS 系统和 SCADA/PLC 系统之间的界限已越来越模糊。早期有一些技术限制，因此开发了这些不同的系统，而这些技术限制后来都已不成问题。许多 PLC 的平台运作起来和小型 DCS 一样好，其中也用到远端 I/O，而且有相当的可靠度，甚至有些SCADA 系统已经针对远端的设备进行闭回路控制。随着处理器速度越来越快，许多 DCS 产品也有完整类似 PLC 的子系统，是一开始发展 DCS 时所不可能有的。

1993 年，随着 IEC -1131 的问世（也就是后来的 IEC -61131-3），控制软件的程式码开始往标准化、可以重复使用、可以独立于硬件的方向发展。一开始，面向对象程序设计（Object Oriented Programming，OOP）可以用在工业控制系统中，因此带来可编程自动控制器（Programmable Automation Controller，PAC）以及工业电脑（Industrial Personal Computer，IPC）的发展。有许多平台可以用 5 种 IEC 标准编程语言（阶梯图、结构化文字、功能方块、指令文字以及顺序方块图）来进行开发。有些也可以用现代的高阶语言（如 C 语言以及 C++语言）进行开发，而且这些平台也接受一些用分析工具（MATLAB 或 Simulink）所开发的模组。IPC 和传统的 PLC 不同，许多传统 PLC 使用专门的操作系统，IPC 则使用Windows IoT。IPC 利用强大的多核处理器的优点，其硬件成本比传统 PLC 要低很多，也可以有不同的外形，例如配合 DIN rail 安装，和触碰型荧幕整合，或是当作嵌入型电脑。新的硬件平台及技术也带来 DCS 及 SCADA 系统的进步，也让这两种系统的边界更加模糊，在定义上也开始变化。

任务实施

1.1.4　区域集中供能系统原理演示与设备分析

通过区域集中供能系统的项目介绍与设备列表了解项目设备的选型、功能和各项参数的方式；结合简化版工艺原理图 A，理解系统的运行逻辑、设备与设备之间的关系，知晓系统关键数据点位。

简化版工艺原理图 A 描述的是工艺原理中利用热泵装置，将低温热源（河水、处理后的城市污水）中的热量集中提取出来，转移到空调水中，加热空调水，然后将热水供给到用户，用户通过散热片或空调风机为房屋供暖。

设备列表如表 1-1-1 所示，简化版工艺原理图 A 如图 1-1-5 所示。

表 1-1-1　设备列表

设备类型	设备参数	设备常用参数
热泵（磁浮）	YORK/约克 YZ 系列	各项工艺参数（各位置的水温、水压、水流量、COP 等）、电力参数（电压、电流、功率、用电量等）
水泵（立式）	Wilo/威乐 CronoLine - IL 系列	各项工艺参数（转速、流量、转子温度等）、电力参数（电压、电流、功率、用电量等）
水泵（卧式）	Wilo/威乐 NLG 系列	各项工艺参数（转速、流量、转子温度等）、电力参数（电压、电流、功率、用电量等）
电动调节阀（球阀）	Autorun/欧德隆 ODL 调节型电动执行器	各项工艺参数（开度指示、报警指示、电源指示、开度信号）
电动开关阀（球阀、蝶阀）	Autorun/欧德隆 ODL 开关型电动执行器	各项工艺参数（开位指示、关位指示、报警指示、电源指示、开信号、关信号）
温度传感器（变送器）	SIEMENS/西门子 QAE 系列	工艺参数（温度 -40~70 ℃）

续表

设备类型	设备参数	设备常用参数
压力传感器（变送器）	SIEMENS/西门子 7MF 系列	工艺参数（压力 0~1.6 MPa）
环境传感器	SIEMENS/西门子 QFA 系列	工艺参数（温度 -15~50 ℃，湿度 0~95%）
变频器（水泵）	Schneider/施耐德 ATV 610/630 系列	各项工艺参数（转速、频率、运行时长等）、电力参数（电压、电流、功率、用电量等）、支持 PROFINET 模块
PLC 控制器	SIEMENS/西门子 S7-1500 系列	CPU：1500 系列、含数字量输入/输出模块；附带多套 ET200 系列分布式 I/O

图 1-1-5　简化版工艺原理图 A

1.1.5　区域集中供能系统简化版工艺原理图绘制

①打开 Microsoft Office Visio 2021 软件。

②在默认窗口中包含该软件的所有模板，如图 1-1-6 所示。

③选择模板中的"基本框图"后，单击"创建"按钮，如图 1-1-7 所示。

④按照如图 1-1-5 所示的简化版工艺原理图 A 绘制架构图。在绘制前需要事先准备好各类设备的图片，如"水泵""阀门"等，通过"插入"→"图片"→"图片…"在计算机中选择图片并插入，如图 1-1-8 所示。

⑤用"椭圆工具"给每个工业设备添加多个小圆圈作为水管接口，通过"文本"工具添加备注，并组合成图块组，如图 1-1-9 所示。

⑥选择合适的连接方式连接各图块，注意连接线的颜色与美观性，部分需要重复使用的图块可以整体复制，如图 1-1-10 所示。

⑦参考如图 1-1-5 所示的简化版工艺原理图 A，在 Visio 中添加传感器，了解传感器的安装位置与采集的数据内容，如图 1-1-11 所示。

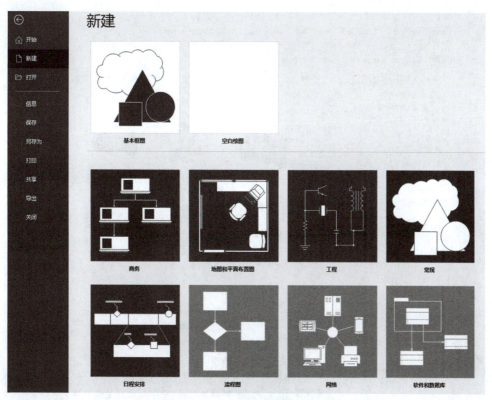

图 1 – 1 – 6　Visio 新建模板界面

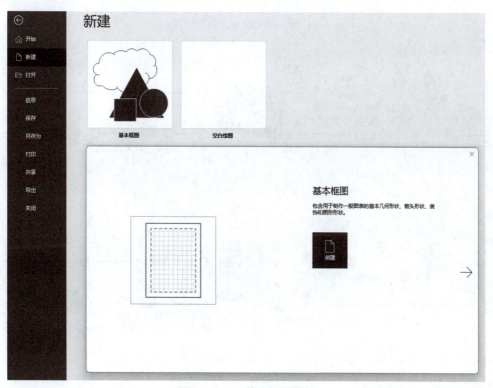

图 1 – 1 – 7　基本框图模板

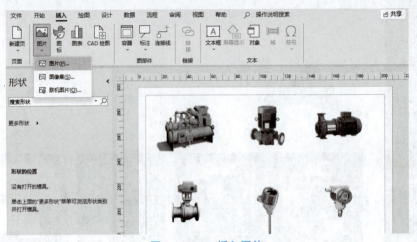

图 1-1-8　插入图片

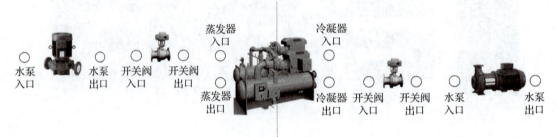

图 1-1-9　添加连接点并组成图块组

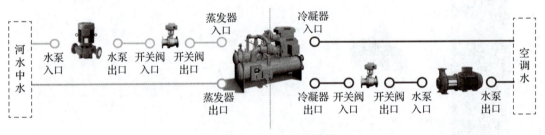

图 1-1-10　连接各图块

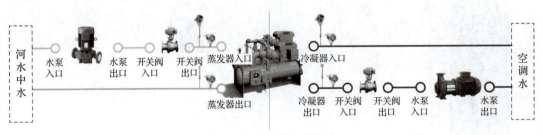

图 1-1-11　添加传感器

任务评价

任务评价如表1-1-2所示，总结反思如表1-1-3所示。

表1-1-2　任务评价

评价类型	赋分	序号	具体指标	分值	得分		
					自评	组评	师评
职业能力	70	1	模板使用正确	10			
		2	图片插入正确	10			
		3	连线正确	10			
		4	传感器位置正确	10			
		5	整体美观	15			
		6	理解原理	15			
职业素养	20	1	坚持出勤，遵守纪律	5			
		2	协作互助，解决难点	5			
		3	按照标准规范操作	5			
		4	持续改进优化	5			
劳动素养	10	1	按时完成，认真记录	5			
		2	保持工位卫生、整洁、有序	5			

表1-1-3　总结反思

总结反思	
目标达成：知识□□□□□　能力□□□□□　素养□□□□□	
学习收获：	教师寄语：
问题反思：	签字：

课后任务

1）回答与讨论

①列举三种工业传感器，阐述其工作原理与用途。

②列举两种工业执行器，阐述其工作原理与用途。

③列举两种工业控制器，阐述其常规用途。

④讨论在实际生活场景中（例如一个小区自来水泵房）有哪些工业设备，这些设备的用途是什么？

2）巩固与提高

通过对图1-1-5简化版工艺原理图A的学习，我们了解到区域集中供能系统的简化工艺原理，现在我们提高一些难度，提供一张更加完整的简化版工艺原理图B。同学们可以使用Visio软件绘制原理图，并学习相应的工艺原理，在本书后文中提到的"工艺原理图"均指代简化版工艺原理图B，如图1-1-12所示。

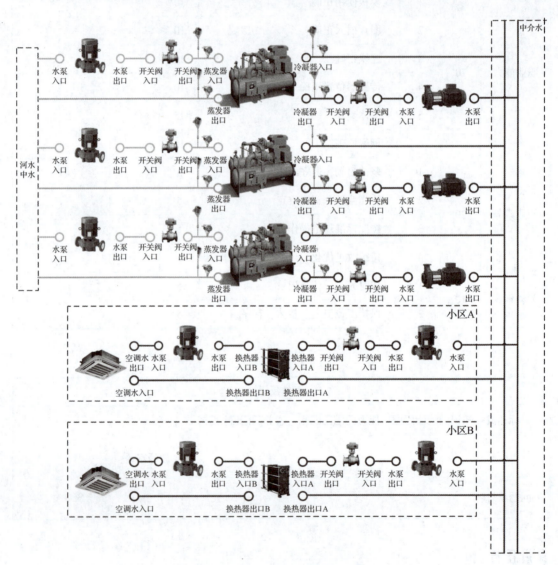

图1-1-12 简化版工艺原理图B

工作任务单

《工业互联网安全与应用》工作任务单

工作任务				
小组名称		工作成员		
工作时间		完成总时长		
工作任务描述				

小组分工	姓名	工作任务		

任务执行结果记录				
序号	工作内容		完成情况	操作员
1				
2				
3				
4				

任务实施过程记录				

上级验收评定		验收人签名		

任务 1.2　常用网络设备认知

学习目标

（1）了解工业网络中的 IT 网络与 OT 网络。

（2）了解工业网络的"两层三级"结构。

（3）了解工业园区网络设备的分类及常见设备介绍。

（4）能识别工业园区常用网络拓扑中的相关设备并查询相关资料。

（5）能使用 Visio 绘制工业园区网络拓扑图。

（6）了解工业园区网络复杂性，安全与效率的不同侧重需求。

（7）学习利用矛盾与统一的辩证关系看待工业园区网络的不同需求。

任务要求

（1）观看现代化工业园区介绍，了解工业园区网络中常用的设备及其特点，了解设备的作用，能够在工业园区网络拓扑图中认知该设备并理解拓扑图的架构。

（2）学习 Visio 绘图软件基本功能与使用方法，并绘制出工业园区网络拓扑图。

知识准备

1.2.1　IT 网络与 OT 网络

工业网络对于工厂的运营而言至关重要。工业网络汇集了成千上万用于控制和监测的终端节点，通常会在恶劣的环境下运行，所以对连接性能和通信有着严格的要求。

我国工厂的 IT 网络，主要指的是基于互联网的网络应用。IT 网络由管理业务数据、支撑管理流程的技术、系统和应用程序组成。这些管理的应用程序包括 ERP、MES、EAM 和WMS 等。这些都属于典型的工业企业的 IT 网络。

OT 网络是由管理生产资产、保持顺畅运营的技术、系统和应用程序组成的。这些管理的应用程序包括 PLC、PCD、SCADA、SIS、数据历史和网关等。这些都属于典型的 OT 网络。

1.2.2　"两层三级"结构

工厂内网络呈现"两层三级"，"两层"是指以上所述的"IT 网络"和"OT 网络"两层技术异构的网络；"三级"是指根据目前工厂管理层级的划分，网络也被分为"现场级""车间级""工厂级/企业级"三个层次，每层之间的网络配置和管理策略相互独立。

工业现场总线被大量用于连接现场检测传感器、执行器与工业控制器。近年来，虽然已有部分支持工业以太网通信接口的现场设备，但仍有大量的现场设备依旧采用电气硬接线直连控制器的方式连接。在现场级，无线通信只是部分特殊场合被使用，存量很低。这种现状造成工业系统在设计、集成和运维的各个阶段的效率，都受到极大制约，进而阻碍着精细化控制和高等级工艺流程管理的实现。

车间级网络通信主要是完成控制器之间、控制器与本地或远程监控系统之间，以及控制器与运营级之间的通信连接。这部分主流是采用工业以太网通信方式，也有部分厂家采用自有通信协议进行本厂控制器和系统间的通信。当前已有工业以太网，但不同工业以太网协议间的互联性和兼容性限制大规模网络互联。

工厂级的 IT 网络通常采用高速以太网以及 TCP/IP 进行网络互联。

随着物联网、传感技术、云计算、大数据等的发展，OT 与 IT 技术的融合正在不断深入。传统模式下，出于安全性考虑，工厂自动化设备是被隔离保护起来的。而 IT 技术的发展，使得对自动化设备的数据采集、分析、存储开始向外部转移，如转移到各种工业互联网平台。

近几年，工业互联网平台逐渐向云端发展，也被更多的工业企业接受。通过工业物联网平台，IT 与 OT 在工业领域的边界变得模糊，逐步走向深入融合。

1.2.3　工业网络设备

基于工业网络的"两层三级"结构，工业网络会使用到以下网络设备，如表 1-2-1 所示。

工业现场网络设备认知

表 1-2-1　常见的工业网络设备

设备类型	设备简介
工业网络防火墙	对现场控制层、过程监控层、工业网络与信息网络边界、工业互联网出口边界，实现各个层级间的安全管控，全面保障工业网络安全
工业网络安全隔离装置	在可信网络之外和保证可信网络内部信息不外泄的前提下，完成网间数据的安全交换
工业网络入侵检测装置	通过对工控网络流量的采集、分析、监测，快速有效识别出工业控制网络中存在的网络异常行为和网络攻击行为，并进行实时告警，同时详实记录网络通信行为
工业网络安全审计系统	基于流量检测分析技术，快速识别工控网络中的非法操作、异常事件、外部攻击并实时告警，同时全面记录网络通信行为
工业网络安全监测预警平台	一个完整的管理与数据分析平台，能够通过数据采集和大数据分析，利用机器学习等先进技术，协助企业 IT 运维人员和安全分析人员快速发现威胁

任务实施

1.2.4　区域集中供能系统上层网络设备（公司业务层面）

区域集中供能系统拥有复杂的网络拓扑结构，从职能分工可以分为公司业务层面和工业控制层面。公司业务层面的网络设备与网络拓扑结构是常见的树状结构，包含如工作计算机、共享打印机、公用 NAS、邮件服务器等常用设备。本部分我们将从公司业务层面入手，了解常用的路由器、交换机、服务器等设备，并学习设备的连接方式与拓扑结构。

公司业务层面网络设备如表 1－2－2 所示，我们将了解这些设备的型号、用途、连接方式等信息，并最终通过 Visio 绘制公司业务层面网络拓扑图。

表 1－2－2　公司业务层面网络设备

品牌	型号	数量/台	典型参数
戴尔 DELL	OptiPlex 5080	60	CPU：i7－10700；RAM：16 GB；SSD：1 TB
戴尔 DELL	OptiPlex 5080	60	CPU：i7－10700；RAM：32 GB；SSD：1 TB；GPU：GTX3070
戴尔 DELL	PowerEdge R660	2	AD 服务器
戴尔 DELL	PowerEdge R660	2	DNS 服务器
戴尔 DELL	PowerEdge R860	2	WEB 服务器
戴尔 DELL	PowerEdge R860	4	大数据服务器
群晖 Synology	RS4021xs＋	2	NAS 服务器
华为 HUAWEI	USG6300E	2	出口层 AI 防火墙
华为 HUAWEI	S12700E	2	核心层　智能交换路由一体机
华为 HUAWEI	S5731－H	2	汇聚层　光电混合交换机
华为 HUAWEI	S5735－L	4	接入层　交换机远端模块
华为 HUAWEI	AP6050DN	1	AP 节点（室外）
华为 HUAWEI	AP7060DN	3	AP 节点（室内）

1.2.5　区域集中供能系统上层网络拓扑图绘制

①打开 Microsoft Office Visio 2021 软件。
②选择模板中的"网络"框图，进入后续选项，如图 1－2－1 所示。
③选择模板中的"详细网络图－3D"框图，并新建，如图 1－2－2 所示。
④在左侧"形状"栏单击"更多形状"命令，选择"打开模具"选项，如图 1－2－3 所示。
⑤选择预先准备的设备图标库，添加到形状列表中。
⑥现在我们可以从库中调用各种交换机的图标了，如图 1－2－4 所示。

图 1 - 2 - 1　选择模板中的"网络"框图

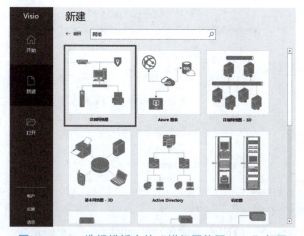

图 1 - 2 - 2　选择模板中的"详细网络图 - 3D"框图

图 1 - 2 - 3　在左侧"形状"栏单击"更多形状"命令,选择"打开模具"选项

图 1 - 2 - 4　调用各种交换机的图标

⑦新建三个虚线，将结构分为"接入层""汇聚层""核心层""出口层"共 4 层。

⑧将每一层的设备放置到位，并为"汇聚层"与"接入层"的设备添加"容器"，鼠标右键单击选中的设备，选择"容器→添加到新容器"选项，如图 1 - 2 - 5。

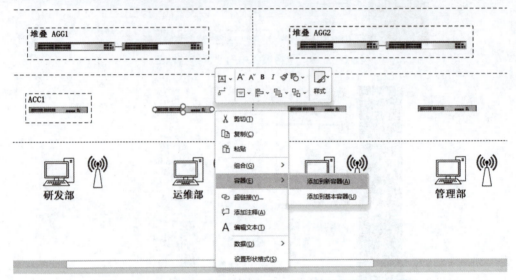

图 1 - 2 - 5　为"汇聚层"与"接入层"的设备添加"容器"

⑨全部容器添加完成后，给图标添加备注，如图 1 - 2 - 6 所示。

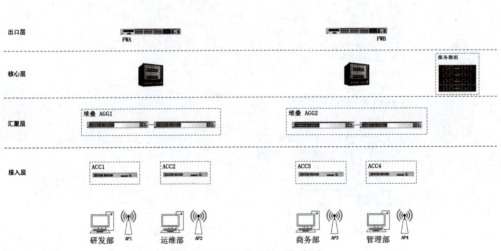

图 1 - 2 - 6　给图标添加备注

⑩核心层交换机上行和防火墙直连，通过防火墙连接到出口网关。两台光纤路由器（来自两家 ISP）作为出口网关，直连 Internet。两台防火墙组建双机热备，对出入园区的业务流量提供安全过滤功能，为网络安全提供保证。连接方案如图 1-2-7 所示。

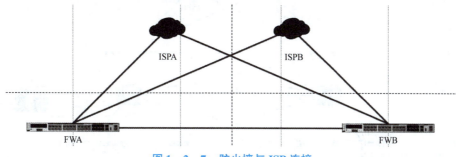

图 1-2-7   防火墙与 ISP 连接

⑪核心层交换机组建集群，作为整个园区网络的核心，实现网络高可靠性和网络大数据量转发，同时配置 S12700E 的"随板 AC"管理全网的 AP，承载全网的无线业务，实现有线无线深度融合。连接方案如图 1-2-8 所示。

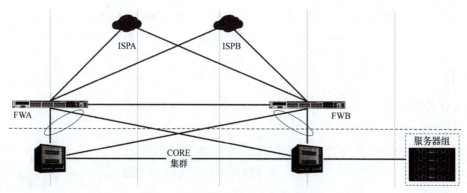

图 1-2-8   核心层交换机集群连接

⑫汇聚层交换机组建堆叠，实现设备级备份的同时，也扩展了设备的端口密度和转发带宽。连接方案如图 1-2-9 所示。

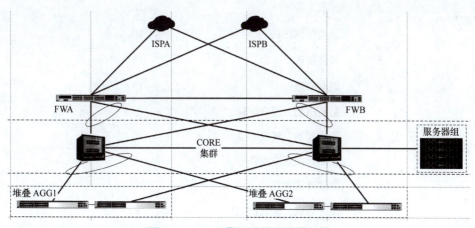

图 1-2-9   汇聚层交换机堆叠连接

⑬最后将接入层交换机连接至汇聚层,将计算机与 AP 连接至接入交换机,完成拓扑图,如图 1-2-10 所示。

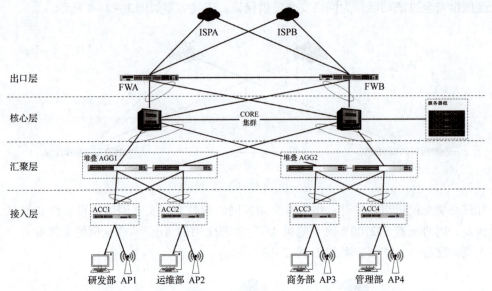

图 1-2-10　区域集中供能系统上层网络设备(公司业务层面)网络拓扑图

任务评价

任务评价如表 1-2-3 所示,总结反思如表 1-2-4 所示。

表 1-2-3　任务评价

评价类型	赋分	序号	具体指标	分值	得分		
					自评	组评	师评
职业能力	70	1	模板使用正确	10			
		2	图片插入正确	10			
		3	连线正确	10			
		4	设备标注正确	10			
		5	整体美观	15			
		6	理解原理	15			
职业素养	20	1	坚持出勤,遵守纪律	5			
		2	协作互助,解决难点	5			
		3	按照标准规范操作	5			
		4	持续改进优化	5			
劳动素养	10	1	按时完成,认真记录	5			
		2	保持工位卫生、整洁、有序	5			

表 1 – 2 – 4　总结反思

总结反思	
目标达成：知识□□□□□　能力□□□□□　素养□□□□□	
学习收获：	教师寄语：
问题反思：	签字：

课后任务

1）回答与讨论

①阐述"两层三级"结构是哪两层，哪三级。

②列举"两层三级"结构中常用的网络设备，阐述其工作用途。

③讨论在实际生活场景中（如一个学校机房）有哪些网络设备，这些设备的用途是什么？

2）巩固与提高

通过对区域集中供能系统上层网络设备（公司业务层面）网络拓扑全图（见图 1 – 2 – 11）的绘制，同学们已经了解了公司业务层面网络设备的拓扑结构与连接方案，现在我们给出具体的设备网络接口与相关协议，请同学们根据图中的关键词，了解公司业务层面用到了哪些网络协议，分别是什么作用。

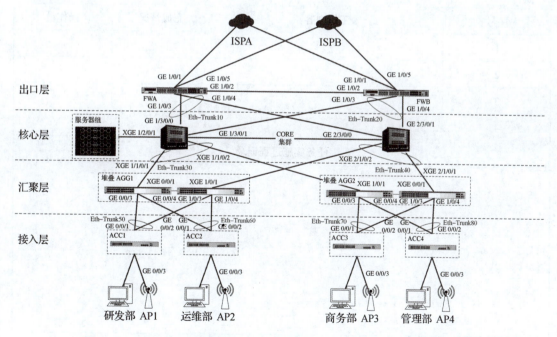

图 1 – 2 – 11 区域集中供能系统上层网络设备（公司业务层面）网络拓扑全图

工作任务单

《工业互联网安全与应用》工作任务单

工作任务			
小组名称		工作成员	
工作时间		完成总时长	
工作任务描述			

小组分工	姓名	工作任务	

任务执行结果记录			
序号	工作内容	完成情况	操作员
1			
2			
3			
4			

任务实施过程记录			
上级验收评定		验收人签名	

任务 1.3 工业互联网网络体系与架构

学习目标

（1）了解工业互联网架构体系 3.0 版本。
（2）了解常见的工业网络拓扑结构。
（3）了解工业现场网络设备的分类及常见设备介绍。
（4）能识别工业现场常用网络拓扑中的相关设备并查询相关资料。
（5）能使用 Visio 绘制工业现场网络拓扑图。
（6）培养规范意识，提高职业素养。

任务要求

（1）观看现代化工业产线的组成与现场总线、工业现场网络拓扑架构科普介绍，了解工业现场网络中常用的设备及其特点，了解设备的作用，能够在工业现场网络拓扑图中认知该设备并理解拓扑图的架构。
（2）学习 Visio 绘图软件基本功能与使用方法，并绘制出工业现场网络拓扑图。

知识准备

1.3.1 工业互联网标准体系

工业互联网产业联盟于 2017 年和 2019 年先后印发了《工业互联网标准体系》（版本 1.0）和《工业互联网标准体系》（版本 2.0）。目前工业互联网技术正处于"快速发展、持续创新"的过程中，为贯彻落实《中华人民共和国国民经济和社会发展第十四个五年规划和 2035 年远景目标纲要》《工业互联网创新发展行动计划（2021—2023 年)》，结合《工业互联网体系架构》（版本 2.0），进一步满足技术进步和制造业转型升级的需要，工业互联网产业联盟组织撰写《工业互联网标准体系》（版本 3.0），修订了工业互联网标准体系框架及重点标准化方向，梳理了已有工业互联网国家/行业/联盟标准及未来要制定的标准，形成统一、综合、开放的工业互联网标准体系。

如图 1-3-1 所示，工业互联网标准体系包括基础共性、网络、边缘计算、平台、安全、应用等六大部分。基础共性标准是其他标准的基础支撑。网络标准是工业互联网体系的基础，平台标准是工业互联网体系的中枢，安全标准是工业互联网体系的保障，边缘计算标准是工业互联网网络和平台协同的重要支撑和关键枢纽。应用标准面向行业的具体需求，是对其他部分标准的落地细化。

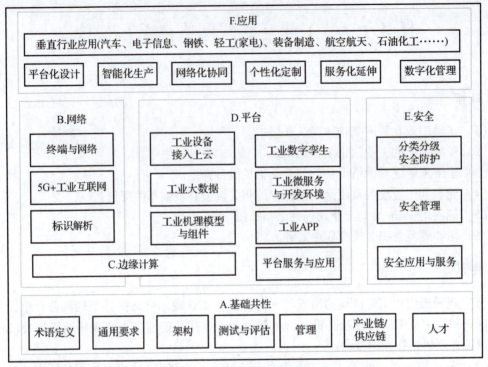

图1-3-1　工业互联网标准体系结构

1.3.2　常见的工业互联网拓扑结构

不管是在传统网络，还是在类似于工业网络中，网络拓扑结构其实分为了很多种，如星形结构、拓展星形结构、环形结构、总线结构、混合拓扑结构、分布式结构、树形结构、网状拓扑结构、蜂窝拓扑结构等。

其中在工业网络中经常能够看见的包括星形结构、环形结构、树形结构、分布式结构、总线结构，下面对前4种结构分别进行介绍。

1）星形结构

一般在工业网络中最常见的中心点就是 PLC，其他类似的像阀岛、伺服控制器、变频器、远程 I/O 等直接接入 PLC。工业以太网中也能看到很多是以交换机为中心，像 PLC、远程 I/O、变频器等组成了这些节点的情况。这样如果一个节点要与其他节点通信，都需要通过这个中心节点进行通信，这样该节点发送的每一个数据包都先发送到这个中心节点（如 PLC、交换机），再由中心点负责将数据包送到相应的节点，这将形成如图1-3-2所示的星形网络结构。

2）环形结构

环形网络是使用一个连续的环将每台设备连接在一起，如图1-3-3所示。每个端用户都与两个相邻的端用户相连，因而存在着点到点链路，但总是以单向方式操作，于是便有上游端用户和下游端用户之称。环上传输的任何信息都必须穿过所有端点，因此，如果

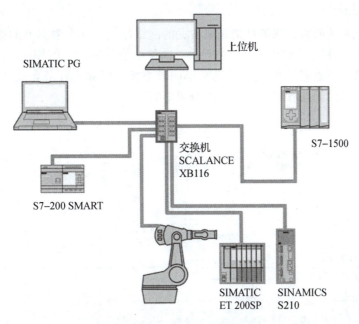

图1-3-2　星形网络结构

环的某一点断开，环上所有端间的通信便会终止。为克服这种网络拓扑结构的脆弱，每个端点除与一个环相连外，还连接到备用环上，当主环故障时，自动转到备用环上。

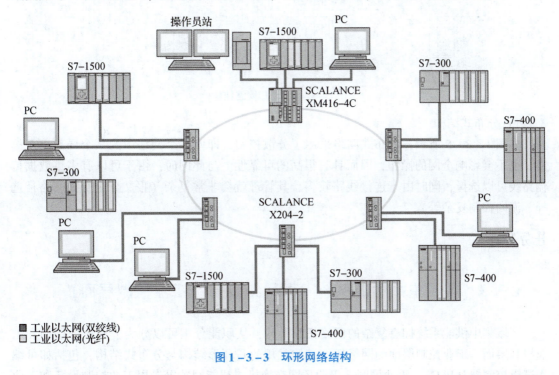

图1-3-3　环形网络结构

　　也是因为它的环形结构，决定了其扩展性能远不如星形结构好，如果要新添加或移动节点，就必须中断整个网络，在环的两端做好连接器才能连接。

3）树形结构

对于自动化系统而言，树形结构是最常见的网络结构，其中最典型的就是 DCS 系统体现的特点：集中，分散。如图 1 - 3 - 4 所示，这种结构与星形结构相比，其通信线路总长度短，成本较低，节点易于扩充，寻找路径比较方便，但除了叶节点及其相连的线路外，任一节点或其相连的线路故障都会使系统受到影响。

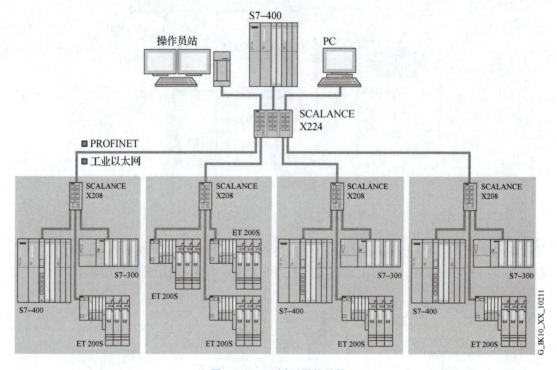

图 1 - 3 - 4　树形网络结构

4）分布式结构

如图 1 - 3 - 5 所示，分布式网络采用了分散控制，即使整个网络中的某个局部出现故障，也不会影响全网的操作，因而具有很高的可靠性。与此同时，由于可以有多重数据传输路线可以选择，同时由于连接线路较多，其管理就会非常复杂（报文分组交换、路径选择、流向控制复杂等）。

任务实施

1.3.3　区域集中供能系统下层网络设备（工业控制层面）

区域集中供能系统拥有复杂的网络拓扑结构，从职能分工可以分为公司业务层面和工业控制层面。工业控制层面的网络拓扑结构常用的是环形结构与分布式结构，包括如可编程逻辑控制器（PLC）、工业网闸、工业环网交换机、智能网关等专用工业控制设备和工业网络设备。本部分我们将从工业控制层面入手，了解工业路由器、工业交换机、工控网闸、PLC、工业智能网关等设备，并学习设备的连接方式与拓扑结构。

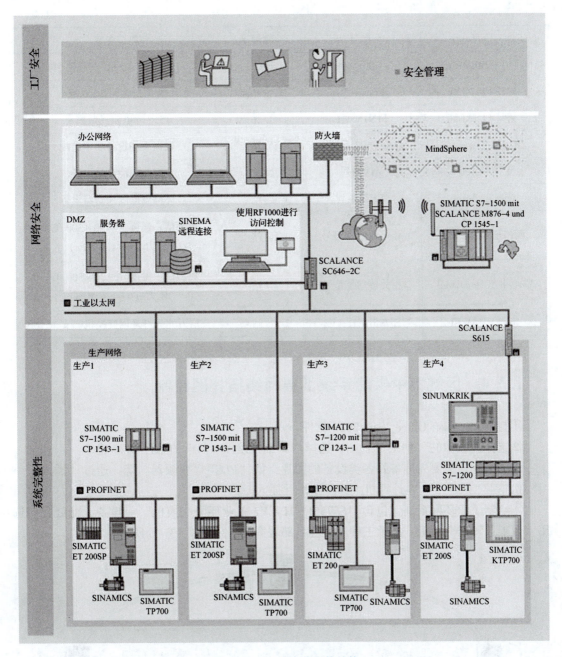

图 1 - 3 - 5　分布式网络结构

　　工业控制层面网络设备如表 1 - 3 - 1 所示，我们将了解这些设备的型号、用途、连接方式等信息，并最终通过 Visio 绘制工业控制层面网络拓扑图。

表 1 - 3 - 1　工业控制层面网络设备

品牌	型号	数量	典型参数
西门子 SIEMENS	S7 - 1500 系列	1 台/站点	

品牌	型号	数量	典型参数
西门子 SIEMENS	ET 200SP 系列	选配	DI/DO、AI/AO 按需使用
繁易 FLEXEM	FBox – 5G	1 台/站点	数据监控：1 000 点
繁易 FLEXEM	FE9156WE	1 台/站点	15.6 寸电阻式触摸屏
施耐德 Schneider	ATV600 系列	1 套/站点	根据现场设备功率选配
安科瑞 Acrel	AD 系列	1 套/站点	智能电能计量设备
安科瑞 Acrel	WHD 系列	1 套/站点	环境温湿度控制器设备
西门子 SIEMENS	相关传感器型号	1 套/站点	典型值：温度（−30~300 ℃）、压力（0~1.6 MPa）
霍尼韦尔 Honeywell	相关传感器型号	1 套/站点	典型值：温度（−30~300 ℃）、压力（0~1.6 MPa）
华为 HUAWEI	S5735I – H – V2	1 台/站点	三层万兆光纤环网交换机，支持 TSN

1.3.4　区域集中供能系统下层网络拓扑图绘制

①打开 Microsoft Office Visio 2021 软件。

②选择模板中的"网络"框图，选择"详细网络图 – 3D"框图，并新建。

③在绘制前需要先准备好各类设备的图片，如"PLC""变频器"等，通过"插入"→"图片"→"图片…"在计算机中选择图片并插入。

④绘制工业环网系统，包含"S5735I – H – V2 工业环网交换机"等设备，此处我们选用 4 台工业环网交换机，展示三种工业现场部署案例，如图 1 – 3 – 6 所示。

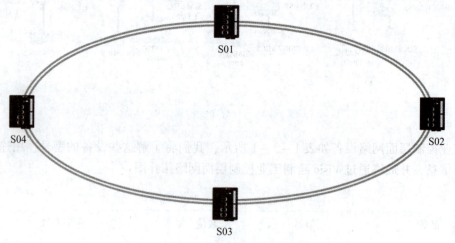

图 1 – 3 – 6　环网部署拓扑图

⑤将 S01 作为控制中心连接环网的节点，添加工业控制管理中心相关网络设备，如图 1-3-7 所示。

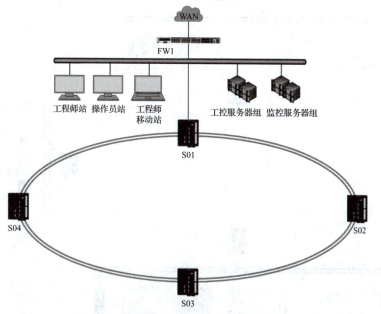

图 1-3-7 工业控制管理中心节点拓扑图

⑥S02 作为一个典型站点案例，我们定义为一个小型站点，负责小型地区的供能服务（如独栋写字楼）。小型站点除 "PLC 控制器" 等必备设备外，还拥有少量传感器和监控设备，如图 1-3-8 所示。

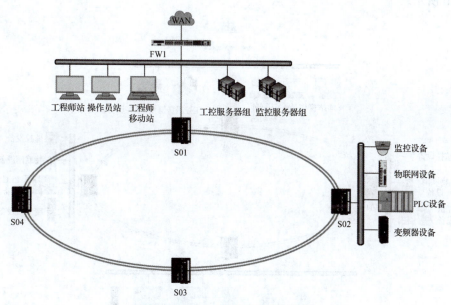

图 1-3-8 小型站点节点拓扑图

⑦S03 作为另一个典型站点案例，我们定义为一个大型站点，负责多个住宅地区的供能服务。大型站点包含更多的控制器、传感器与监控设备，如图 1-3-9 所示。

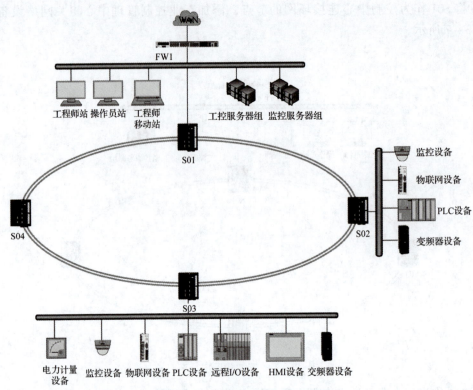

图 1 – 3 – 9　大型站点节点拓扑图

⑧S04 设置为一个光伏电力站点，用于环境监测，其中包含光伏相关的控制设备，如图 1 – 3 – 10 所示。

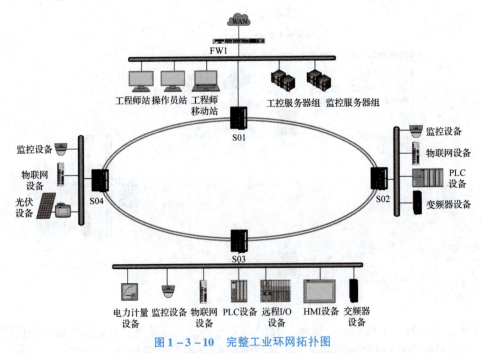

图 1 – 3 – 10　完整工业环网拓扑图

任务评价

任务评价如表1-3-2所示，总结反思如表1-3-3所示。

表1-3-2　任务评价

评价类型	赋分	序号	具体指标	分值	得分		
					自评	组评	师评
职业能力	70	1	模板使用正确	10			
		2	图片插入正确	10			
		3	连线正确	10			
		4	设备标注正确	10			
		5	整体美观	15			
		6	理解原理	15			
职业素养	20	1	坚持出勤，遵守纪律	5			
		2	协作互助，解决难点	5			
		3	按照标准规范操作	5			
		4	持续改进优化	5			
劳动素养	10	1	按时完成，认真记录	5			
		2	保持工位卫生、整洁、有序	5			

表1-3-3　总结反思

总结反思	
目标达成：知识□□□□□　能力□□□□□　素养□□□□□	
学习收获：	教师寄语：
问题反思：	签字：

课后任务

1）回答与讨论

①阐述"工业互联网标准体系"包括哪些部分。

②阐述"常见工业互联网拓扑结构"包括哪些结构。

③讨论在其他典型工业场景中（如汽车生产流水线、地铁管线等）工业网络的结构。

2）巩固与提高

通过对区域集中供能系统下层网络设备（工业控制层面）网络拓扑图的绘制，同学们已经了解了工业控制层面网络设备的拓扑结构与连接方案，现在我们给出一张其他产业的工业网络拓扑图，如图 1 – 3 – 11 所示，请同学们分析网络结构和相关设备。

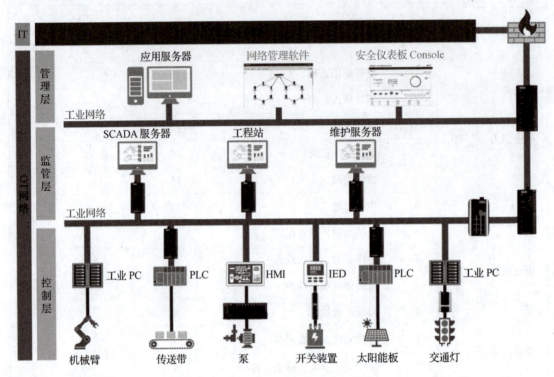

图 1 – 3 – 11 某企业工业网络拓扑图

工作任务单

《工业互联网安全与应用》工作任务单

工作任务				
小组名称		工作成员		
工作时间		完成总时长		
工作任务描述				
小组分工	姓名	工作任务		
任务执行结果记录				
序号	工作内容		完成情况	操作员
1				
2				
3				
4				
任务实施过程记录				
上级验收评定		验收人签名		

项目 2

区域集中供能系统的网络设备与服务器部署

⊙ 项目介绍

在项目 1 中，我们认识了常见的工业传感设备、执行设备与控制设备，学习了工厂内网络的"两层三级"结构与常见的工业网络架构，并了解了 3.0 版本的《工业互联网标准体系》；在任务实践中完成了区域集中供能系统工艺原理图的绘制，也学习了公司业务层面与工业控制层面的网络拓扑图绘制，最终完成了区域集中供能系统的工业互联网总体方案规划。

接下来我们要深入公司业务层面，学习公司业务网络中的 DHCP 服务、AD 域服务器、DNS 服务器、FTP 服务器、数据库服务器的部署与安全管理。

⊙ 学习要求

（1）通过"DHCP 配置与安全管理"，了解 TCP/IP 协议的发展历程与运作原理，提高知识搜索能力与自主学习能力。

（2）通过"DNS 服务器部署与安全管理"与"AD 域服务器部署与安全管理"的学习，了解网络操作系统的安全边界和互联网的逻辑组织单元，通过学习域间信任关系，感悟人类社会中信任关系的建立与维护。

（3）通过学习"网络存储服务器部署与安全管理"与"数据库服务器部署与安全管理"，学习在人工智能的大环境下，数据的存储与调用。

🌀 知识图谱

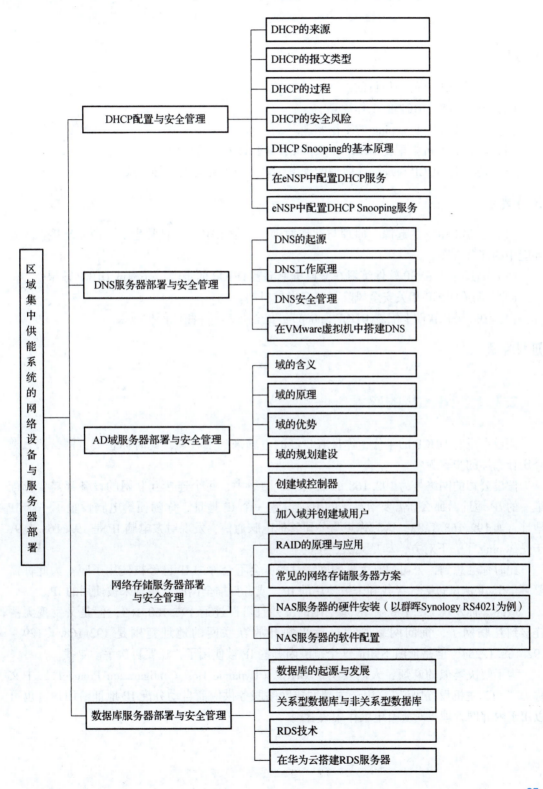

任务 2.1　DHCP 配置与安全管理

学习目标

（1）了解 DHCP 的使用目的。
（2）学习简单 DHCP 的工作原理。
（3）了解 DHCP Snooping 的工作原理。
（4）能在交换机中配置 DHCP Snooping，并验证安全防护效果。
（5）通过对 DHCP Snooping 原理的理解，培养目标导向的思维方式。

任务要求

（1）了解 DHCP 的起源、原理与运作原理，了解 DHCP 在日常生活、商业环境、工业环境中的部署方案。
（2）通过华为 eNSP 软件练习在交换机上部署 DHCP 的步骤，并测试 DHCP 效果。
（3）了解 DHCP 相关安全风险与安全保护机制。
（4）在 eNSP 软件上配置 DHCP Snooping 安全机制，并测试保护效果。

知识准备

2.1.1　DHCP 的来源

假设在没有 DHCP 的年代，你带着自己的电脑来到了公司，此时你想要上网，那么要经历什么样的步骤呢？

假设公司的网络号为 192.168.1.x，在 IP 网络中，每个连接互联网的设备都需要分配唯一的 IP 地址，那么你需要给自己的电脑设置一个 IP 地址。你随便给电脑设置了一个 IP 地址，如 192.168.1.82，这时你想与公司其他电脑通信，发现对方电脑 IP 是 192.168.1.9，于是你 ping 了一下对方，却是无法连接的。

此时你会想到，公司拥有大量的网络设备，会不会你的 IP 已经被使用了呢？为此你需要一个个 IP 测试过去，寻找到未被使用的 IP，或者扫描全网段，找到未被使用的 IP。

最终，你发现 192.168.1.18 是空闲的，并且可以连通 192.168.1.9，但是又发现无法连接到互联网了，询问网络管理员后得知开放互联网的地址范围是 192.168.1.129～192.168.1.254，但是依旧不知道这个范围内哪些 IP 被使用了，还要再次手动寻找。

为了解决类似的麻烦，人们发明了 DHCP（Dynamic Host Configuration Protocol），中文称为"动态主机设置协议"，用于内部网或网络服务供应商自动分配 IP 地址给用户，也可以用于内部网管理员对所有电脑作中央管理。

2.1.2　DHCP 的报文类型

1）DHCP 发现（Discover）

DHCP 客户端首次登录网络时进行 DHCP 交互过程发送的第一个报文，用来寻找 DHCP 服务器。

2）DHCP 提供（Offer）

DHCP 服务器用来响应 DHCP Discover 报文，此报文携带了各种配置信息。

3）DHCP 请求（Request）

此报文用于以下三种用途：

①客户端初始化后，发送广播的 DHCP Request 报文来回应服务器的 DHCP Offer 报文。

②客户端重启后，发送广播的 DHCP Request 报文来确认先前被分配的 IP 地址等配置信息。

③当客户端已经和某个 IP 地址绑定后，发送 DHCP Request 单播或广播报文来更新 IP 地址的租约。

4）DHCP 确认（Acknowledgement，ACK）

服务器对客户端的 DHCP Request 报文的确认响应报文，客户端收到此报文后，才真正获得了 IP 地址和相关的配置信息。

5）DHCP 否定（Non – Acknowledgement，NAK）

服务器对客户端的 DHCP Request 报文的拒绝响应报文，如 DHCP 服务器收到 DHCP Request 报文后，没有找到相应的租约记录，则发送 DHCP NAK 报文作为应答，告知 DHCP 客户端无法分配合适的 IP 地址。

6）DHCP 释放（Release）

客户端可通过发送此报文主动释放服务器分配给它的 IP 地址，当服务器收到此报文后，可将这个 IP 地址分配给其他客户端。

7）DHCP 拒绝（Decline）

当客户端发现服务器分配给它的 IP 地址发生冲突时会通过发送此报文来通知服务器，并且会重新向服务器申请地址。

8）DHCP 信息（Inform）

DHCP 客户端获取 IP 地址后，如果需要向 DHCP 服务器获取更为详细的配置信息（网关地址、DNS 服务器地址），则向 DHCP 服务器发送 DHCP Inform 请求报文。

2.1.3　DHCP 的过程

DHCP 的过程如图 2 – 1 – 1 所示，下面通过 5 个步骤解释新计算机接入网络后，DHCP 的发生步骤。

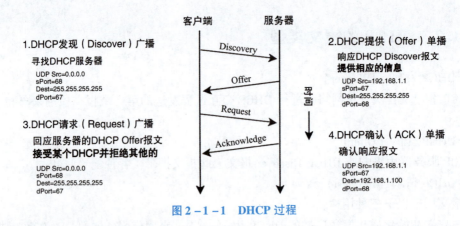

图 2-1-1 DHCP 过程

①一台新计算机接入了网络。

②该计算机在网络中广播发送 DHCP Discover 消息, 寻求一个 IP 地址。DHCP Discover 消息使用的 IP 地址为 0.0.0.0, 目标地址为 255.255.255.255, 广播包封装了 UDP, UDP 又封装了 BOOTP。

③广播包送达了 DHCP 服务器, 然后该 DHCP 服务器分配一个新的 IP 地址给新计算机, 同时保留这个 IP 地址, 不会分配给其他人用。同样也是广播发送, 而且不仅带回一个 IP 信息还有子网掩码、网关、IP 租用期限等, 这个过程叫 DHCP Offer。值得注意的是, 如果网络中收到 DHCP Discover 消息的服务器不止一台, 每台都会执行以上行为。

④新加入网络的计算机将收到多个 DHCP Offer 消息, 一般是先到先用, 并且立刻返回一个广播包, 包括 MAC、接收的 IP、提供该 IP 的 DHCP 服务器, 告诉全部的 DHCP 服务器, 该计算机已接收该 DHCP 服务器的 IP 地址, 其他服务器提供的 IP 地址可以撤回了。这个广播包依旧使用的 IP 地址还是 0.0.0.0, 以上这个过程叫 DHCP Request。

⑤当提供 IP 地址的 DCHP 服务器接收到 DHCP Request 时, 会返回一个广播包, 同时将其他配置信息放入这个广播包发送给新加入网络的计算机, 然后完成 IP 地址的分配。这个过程叫 DHCP ACK。

2.1.4 DHCP 的安全风险

DHCP 为网络管理员在 IP 地址分配任务上减轻了很大的压力, 而且 DHCP 服务也简化了对 IP 地址分发的管理。管理员可以很轻松直观地在 DHCP 服务器上查看 IP 地址的使用情况。但是 DHCP 天生有一个缺陷, 就是 DHCP 服务器与客户端在 IP 地址请求和分发的过程中, 缺少认证机制。

实际网络中, 针对 DHCP 的攻击行为主要有以下三种:

1) DHCP 饿死攻击

DHCP 饿死攻击的攻击原理是攻击者持续大量地向 DHCP Server 申请 IP 地址, DHCP Server 通常仅根据 DHCP Request 报文中的 CHADDR (Client Hardware Address) 字段来确认客户端的 MAC 地址。攻击者通过不断修改 CHADDR 字段向 DHCP Server 申请地址, 直到耗尽 DHCP Server 地址池中的 IP 地址, 导致 DHCP Server 不能给正常的用户分配 IP 地址。原因是 DHCP Server 在向申请者提供 IP 地址时，无法区分正常的申请者与恶意的申请者。这会使用户无法正常获取到 IP 地址，IP 地址被浪费掉。

2）仿冒 DHCP Server 攻击

仿冒 DHCP Server 攻击的攻击原理是利用 DHCP 客户端收到 DHCP Server 的 DHCP 消息之后，无法区分这些 DHCP 消息是来自仿冒的 DHCP Server 还是合法的 DHCP Server，攻击者仿冒 DHCP Server 向客户端分配错误的 IP 地址以及错误的网关等信息。DHCP 客户端会接收第一个发送 DHCP Offer 报文的数据，然后使用第一个接收到的 DHCP Server 发送的 IP 地址。然而在现实中，DHCP Server 往往都是使用代理进行分配的，所以攻击者只要把设备放在与 DHCP 客户端同一个网段中，往往都会比真正的 DHCP 服务器回复速度快。受害用户将获取到错误的地址网关等，数据包可能经由恶意的设备，造成信息泄露等。

3）DHCP 中间人攻击

DHCP 中间人攻击的原理是攻击者利用 ARP 机制，让受害计算机学习到 DHCP Server 的 IP 与攻击计算机的 MAC 的映射关系（就是让受害计算机认为 DHCP Server 是攻击计算机），又让 Server 学习到受害计算机的 IP 与攻击计算机的 MAC 的映射关系。这样一来受害计算机与 Server 之间交互的 IP 报文都会经过攻击者中转。

2.1.5　DHCP Snooping 的基本原理

**DHCP Snooping
基本原理**

为了增强网络安全，防止 DHCP 受到攻击，一种称为 DHCP Snooping 的技术应运而生。DHCP Snooping 不是一种标准技术，尚未有统一的标准规范，不同的网络设备制造商在 DHCP Snooping 的实现上也不尽相同。（不同厂商的 DHCP Snooping 设置会有差别。）

DHCP Snooping 部署在交换机上，其作用类似于在 DHCP 客户端与 DHCP 服务器端之间构筑了一道虚拟的防火墙。

1）DHCP Snooping 防饿死攻击

针对修改 CHADDR 字段方式进行恶意申请 IP 地址，可以在交换机上使能 DHCP Snooping 功能。因为饿死攻击本身就是攻击者通过不断修改 CHADDR 字段，让 DHCP 服务器误认为是来自不同 PC 的用户进行申请 IP 地址，现在开启 DHCP Snooping 功能之后，使能其对 DHCP Request 报文帧头的源 MAC 与 DHCP 数据区中的 CHADDR 字段是否一致的功能，如果一致进行转发，不一致就不会进行转发。简单来说就是 CHADDR 字段有个 MAC 地址，然后在封装数据包时又有 IP 层面的数据包，里面会含有自身的 MAC 地址，使能了 DHCP Snooping 之后也就允许其对于 IP 包进行检查，从而判定发送的数据包是否真实。如 CHADDR = B，MAC = A，不一致就会被丢弃。

2）DHCP Snooping 防止仿冒 DHCP Server 攻击

由于 DHCP Server 和 DHCP Client 之间没有认证机制，所以如果在网络上随意添加一台 DHCP 服务器，它就可以为客户端分配 IP 地址以及其他网络参数。如果该 DHCP 服务器为用户分配错误的 IP 地址和其他网络参数，将会对网络造成非常大的危害。

为了防止仿冒的 DHCP Server 攻击，可以设置交换机的"信任/非信任"工作模式。将与合法 DHCP 服务器直接或间接连接的接口设置为信任接口，其他接口设置为非信任接口。此后，从"非信任（Untrusted）"接口上收到的 DHCP 回应报文将被直接丢弃，这样可以有效防止 DHCP Server 仿冒者的攻击。

一般交换机的端口有很多，好比 24 口等，如果一个一个设置会显得很麻烦，所以端口一般默认为非信任端口。

3）DHCP Snooping 防止中间人攻击

从协议出发，DHCP 的数据包中本身含有 IP 地址和 MAC 地址的对应关系，中间人攻击主要就是让 IP 与 MAC 不对应，然后让别人发包时往错误的方向进行发送，现在在交换机开启了 DHCP 绑定表的功能，在这张表中就有从 DHCP 报文中解析出来的 IP 与 MAC 对应信息。（客户端对 DHCP 服务器进行请求时是使用 MAC 地址进行请求，如果请求成功，DHCP Server 最终会发送 Ack 报文，此时绑定表中就会记录相应的 IP 与 MAC 对应关系，如果以后 IP 与 MAC 对应关系不一致，则会将报文丢弃。）

4）DHCP Snooping 防止仿冒 DHCP 报文攻击

已获取到 IP 地址的合法用户通过向服务器发送 DHCP Request 或 DHCP Release 报文用以续租或释放 IP 地址。如果攻击者冒充合法用户不断向 DHCP Server 发送 DHCP Request 报文来续租 IP 地址，会导致这些到期的 IP 地址无法正常回收，以致一些合法用户不能获得 IP 地址；而若攻击者仿冒合法用户的 DHCP Release 报文发往 DHCP Server，将会导致用户异常下线。

利用 DHCP Snooping 绑定表的功能，设备通过将 DHCP Request 续租报文和 DHCP Release 报文与绑定表进行匹配操作能够有效地判别报文是否合法（主要是检查报文中的 VLAN、IP、MAC、接口信息是否匹配动态绑定表），若匹配成功则转发该报文，匹配不成功则丢弃。

任务实施

2.1.6 在 eNSP 中配置 DHCP 服务

DHCP 基本原理与
eNSP 搭建演示

①打开 eNSP，单击左上角"新建拓扑"图标，如图 2 - 1 - 2 所示。

图 2 - 1 - 2　eNSP 中新建拓扑

②从左侧工具栏中，将模拟 PC、模拟交换机 S5700、模拟路由器 AR2220 放入工作区，如图 2 - 1 - 3 所示。

PC-PC1　　　　　　S5700-LSW1　　　　　　AR2220-AR1

图 2 - 1 - 3　部署相关设备

③打开左侧工具栏"设备连线"模块，使用 Copper 为设备接线，连接时可以选择相关网络端口，如图 2 - 1 - 4 所示。

图 2 - 1 - 4　对设备进行连线（附彩插）

④单击"运行"按钮，设备会由深蓝色变为亮蓝色，如图 2 - 1 - 5 所示。

图 2 - 1 - 5　运行设备（附彩插）

⑤配置路由器 AR2220，代码如下，书中给出的是完整代码，也可以使用简化缩写，双击路由器打开 CLI 输入，如图 2 - 1 - 6 所示。

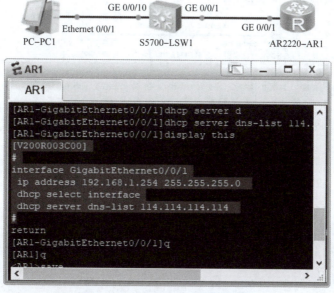

图 2 - 1 - 6　在 CLI 中配置路由器

代码：

```
< Huawei > system - view
[Huawei]sysname AR1
[AR1]interface GigabitEthernet 0 /0 /1
[AR1 - GigabitEthernet0 /0 /1]ip address 192.168.1.254 24
[AR1 - GigabitEthernet0 /0 /1]quit
[AR1]dhcp enable
[AR1]interface GigabitEthernet 0 /0 /1
[AR1 - GigabitEthernet0 /0 /1]dhcp select interface
[AR1 - GigabitEthernet0 /0 /1]dhcp server dns - list 114.114.114.114
```

```
[AR1 - GigabitEthernet0/0/1]display this
[AR1 - GigabitEthernet0/0/1]quit
[AR1]quit
[AR1 - GigabitEthernet0/0/1]quit
y
```

⑥此时我们已经完成了路由器的 DHCP 配置，可以在 S5700 连接 PC1 的下行节点 GE 0/0/10 单击鼠标右键，选择"开始抓包"按钮，软件会拉起 Wireshark 程序，对该节点进行抓包，如图 2 - 1 - 7 所示。

图 2 - 1 - 7   使用 Wireshark 程序抓包

⑦在 Wireshark 程序的过滤器栏目中，输入"bootp"或"dhcp"，并单击右侧蓝色箭头，使程序过滤出抓到的 dhcp 报文，如图 2 - 1 - 8 所示。

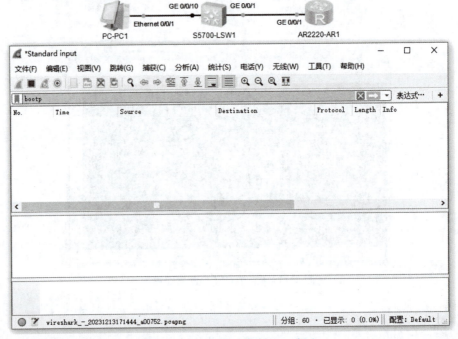

图 2 - 1 - 8   设置过滤出 dhcp 报文

⑧打开 PC1 的设置，将"静态"改为"DHCP"，单击"应用"按钮，如图 2 - 1 - 9 所示。

⑨此时 Wireshark 程序将抓到 DHCP 相关报文信息，与前文的 DHCP 过程一致，抓到 Discover、Offer、Request、ACK 四个报文，如图 2 - 1 - 10 所示。

图 2 – 1 – 9 PC1 开启 DHCP

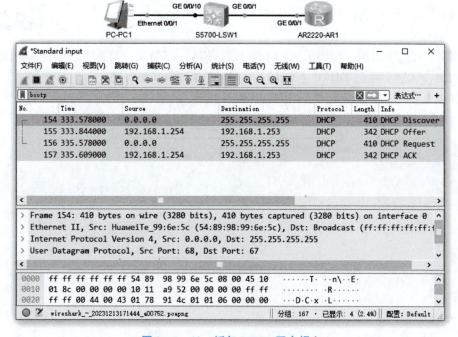

图 2 – 1 – 10 抓包 DHCP 四个报文

⑩打开 PC1 的设置,将"DHCP"改为"静态",单击"应用"按钮。

⑪此时 Wireshark 程序将抓到 Release 报文,如图 2 – 1 – 11 所示。

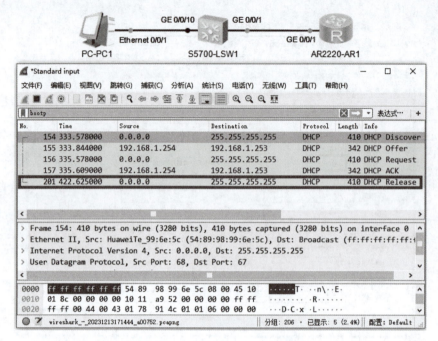

图 2 – 1 – 11　DHCP Release 报文

2.1.7　在 eNSP 中配置 DHCP Snooping 服务

①增加一台 AR2220，作为仿冒的 DHCP 服务器，与前文一样配置 DHCP 功能，区别于合法 DHCP（AR1），AR2 采用 192.168.2.254 作为 IP，1.2.3.4 作为 DNS，如图 2 – 1 – 12 所示。

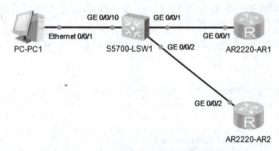

图 2 – 1 – 12　部署非法 DHCP 用于测试

代码:

```
< Huawei > system – view
[Huawei]sysname AR2
[AR2]interface GigabitEthernet 0 /0 /2
[AR2 – GigabitEthernet0 /0 /2]ip address 192.168.2.254 24
[AR2 – GigabitEthernet0 /0 /2]quit
[AR2]dhcp enable
```

```
[AR2]interface GigabitEthernet 0 /0 /2
[AR2 - GigabitEthernet0 /0 /2]dhcp select interface
[AR2 - GigabitEthernet0 /0 /2]dhcp server dns - list 1.2.3.4
[AR2 - GigabitEthernet0 /0 /2]display this
[AR2 - GigabitEthernet0 /0 /2]quit
[AR2]quit
[AR2 - GigabitEthernet0 /0 /2]quit
y
```

②测试 PC1 的 DHCP，并抓包，可以看到 DHCP 工作时收到两条 DHCP Offer，PC1 有一定概率会采用非法的 DHCP，如图 2 – 1 – 13 所示。

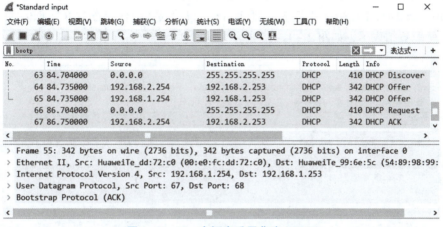

图 2 – 1 – 13　有概率采用非法 DHCP

③在 LSW1 配置 DHCP Snooping，如图 2 – 1 – 14 所示。

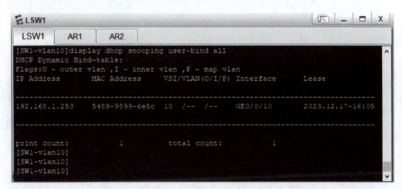

图 2 – 1 – 14　在 LSW1 设置 DHCP Snooping

代码：

```
< Huawei > system - view
[Huawei]sysname SW1
[SW1]vlan 10
[SW1 - vlan10]quit
[SW1]port - group test
[SW1 - port - group - test]group - member g 0 /0 /1
```

```
[SW1 - port - group - test]group - member g 0 / 0 / 2
[SW1 - port - group - test]group - member g 0 / 0 /10
[SW1 - port - group - test]port link - type access
[SW1 - port - group - test]port default vlan 10
[SW1 - port - group - test]stp edged - port enable
[SW1]dhcp enable
[SW1]dhcp snooping enable
[SW1]vlan 10
[SW1 - vlan10]dhcp snooping enable
[SW1 - vlan10]dhcp snooping trusted interface g 0 / 0 /1
[SW1 - vlan10]display dhcp snooping user - bind all
```

④测试 PC1 的 DHCP,并抓包,此时 PC1 只会受到合法的 DHCP Offer 了,DHCP Snooping 就配置结束了,如图 2 - 1 -15 所示。

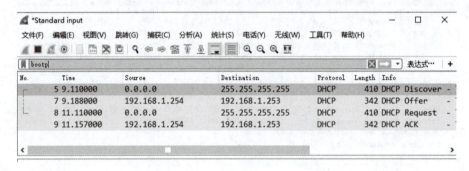

图 2 - 1 -15　DHCP Snooping 测试

任务评价

任务评价如表 2 - 1 -1 所示,总结反思如表 2 - 1 -2 所示。

表 2 - 1 -1　任务评价

评价类型	赋分	序号	具体指标	分值	得分		
					自评	组评	师评
职业能力	70	1	虚拟设备使用正确	10			
		2	连线端口正确	10			
		3	AR1 配置正确	10			
		4	AR2 配置正确	10			
		5	LSW1 配置正确	15			
		6	理解原理	15			

续表

评价类型	赋分	序号	具体指标	分值	得分		
					自评	组评	师评
职业素养	20	1	坚持出勤，遵守纪律	5			
		2	协作互助，解决难点	5			
		3	按照标准规范操作	5			
		4	持续改进优化	5			
劳动素养	10	1	按时完成，认真记录	5			
		2	保持工位卫生、整洁、有序	5			

表 2 - 1 - 2　总结反思

总结反思	
目标达成：知识□□□□□　能力□□□□□　素养□□□□□	
学习收获：	教师寄语：
问题反思：	签字：

课后任务

1) 回答与讨论

①查看本次使用的设备的型号与参数。

②理解任务实施中使用的代码，熟悉 CLI 的各项快捷操作。

③尝试 CLI 代码的缩写，提高配置速度。

2) 巩固与提高

通过学习我们使用 AR2220 路由器作为 DHCP 服务器，实际生产过程中也有将 Windows Server 或 Linux 系统作为 DHCP 服务器的情况，同学们可以通过查阅资料，思考并实践在该种情况下如何配置 DHCP 与 DHCP Snooping。

工作任务单

《工业互联网安全与应用》工作任务单

工作任务				
小组名称		工作成员		
工作时间		完成总时长		
工作任务描述				

	姓名	工作任务		
小组分工				

任务执行结果记录				
序号	工作内容		完成情况	操作员
1				
2				
3				
4				

任务实施过程记录				

上级验收评定		验收人签名		

任务 2.2　DNS 服务器部署与安全管理

学习目标

（1）了解 DNS 的使用目的。

（2）学习 DNS 的工作原理。

（3）了解 DNS 安全知识与常见的 DNS 攻击方式。

（4）能够在 Windows Server 系统上配置 DNS 服务。

（5）通过 DNS 的协作机制，思考在社会系统中诚信的作用。

任务要求

（1）了解 DNS 的起源与工作原理，了解 DNS 在日常生活、商业环境、工业环境中的部署方案。

（2）通过 VMware 软件练习在虚拟机上部署 Windows Server 服务器，并练习在服务器上部署 DNS，测试 DNS 效果。

（3）了解 DNS 相关安全风险与安全保护机制。

知识准备

2.2.1　DNS 的起源

DNS 的作用非常简单，就是根据域名查出 IP 地址，你可以把它想象成一本巨大的电话本。DNS 是随着 Internet 的发展而诞生的，在 20 世纪 70 年代，ARPAnet 是一个只有几百台主机的小型社区，通过一个 hosts.txt 文件就可以很好地维护主机名到地址的解析，这个 hosts 文件现在依然可以在计算机中找到它的踪影。

当时的 hosts.txt 是由一个 SRI 的网络信息中心维护的，通过单独的主机 SRI-NIC 分发。我们需要定期从它们的服务器上获取最新的 hosts.txt 文件。当然在解析有变化时，你需要通过邮件通知 NIC 请求更新你的地址。但随着 ARPAnet 上主机数量的不断增加，维护该文件变得愈发困难，产生了很多问题，如网络流量压力过大、处理器负载过大、主机名称冲突、主机名称权力归属不明、hosts.txt 文件一致性难以保证等诸多问题。

为了解决这个问题，南加州大学信息科学研究所（Information Sciences Institute，ISI）的 Paul Mockapetris 负责设计这个新系统的体系结构。1984 年，他发布了 RFCs882 和 883，用以被描述 DNS。这些 RFC 后来被 RFC1034 和 1035 所取代，也就是现在的 DNS 规范。当然，现在该规范已经被许多其他 RFC 所补充，包括 DNS 潜在的安全问题、实现问题、管理缺陷、名称服务器的动态更新机制、记忆保证区域数据的安全性，等等。

2.2.2　DNS 工作原理

DNS 基本原理

实际上 DNS 是一个分布式数据库。它允许对整体数据库的各个部分进行本地控制，并且各个部分采用的是客户端/服务器（Client/Server）模式。通过复制和缓存等机制，使其拥有了健壮性和充足的性能。

我们可以使用 Windows Dig 指令查询常规网址，如学校主页，通过 Dig 指令来查看 DNS 的效果，如图 2-2-1 所示。

```
Microsoft Windows [版本 10.0.22000.2538]
(c) Microsoft Corporation. 保留所有权利。

C:\Users\        >dig www.czimt.edu.cn

; <<>> DiG 9.17.15 <<>> www.czimt.edu.cn
;; global options: +cmd
;; Got answer:
;; ->>HEADER<<- opcode: QUERY, status: NOERROR, id: 30960
;; flags: qr rd ra; QUERY: 1, ANSWER: 1, AUTHORITY: 0, ADDITIONAL: 1

;; OPT PSEUDOSECTION:
; EDNS: version: 0, flags:; udp: 4096
;; QUESTION SECTION:
;www.czimt.edu.cn.              IN      A

;; ANSWER SECTION:
www.czimt.edu.cn.      727      IN      A       112.25.143.35

;; Query time: 0 msec
;; SERVER: 192.168.50.1#53(192.168.50.1) (UDP)
;; WHEN: Sat Dec 16 18:57:34 ;; MSG SIZE  rcvd: 61
```

图 2-2-1　通过 Dig 指令查询 DNS

第一段（DiG 9.17.15…）五行是查询参数和统计。

第二段（QUESTION…）是查询内容，表示查询域名"www.czimt.edu.cn"的 A 记录，A 是 address 的缩写。

第三段（ANSWER…）是 DNS 服务器的答复，结果显示"www.czimt.edu.cn"有 1 个 A 记录，即 1 个 IP 地址，727 是 TTL 值（Time To Live 的缩写），表示缓存时间，即 727 s 之内不用重新查询。

第四段（Query…）是 DNS 服务器的一些传输信息，上面结果显示，本机的 DNS 服务器是 192.168.50.1，查询端口是 53（DNS 服务器的默认端口），以及回应长度是 61 字节。

DNS 服务器怎么会知道每个域名的 IP 地址呢？答案是分级查询。请仔细看前面的例子，每个域名的尾部都多了一个点。例如，域名"www.czimt.edu.cn"显示为"www.czimt.edu.cn."。这不是疏忽，而是所有域名的尾部实际上都有一个根域名。举例来说，"www.czimt.edu.cn"真正的域名是"www.czimt.edu.cn.root"，简写为"www.czimt.edu.cn."。因为根域名.root 对于所有域名都是一样的，所以平时是省略的。

根域名的下一级，叫做"顶级域名"（Top-Level Domain，缩写为 TLD），如".com"".net"；再下一级叫做"次级域名"（Second-Level Domain，缩写为 SLD），如"www.

baidu. com”里面的“. baidu”，这一级域名是用户可以注册的；再下一级是主机名（host），如“www. baidu. com”里面的“www”，又称为“三级域名”，这是用户在自己的域里面为服务器分配的名称，是用户可以任意分配的。我们可以通过“+trace”命令查看完整的DNS分级查询过程，如图2-2-2所示。

```
; <<>> DiG 9.17.15 <<>> www.czimt.edu.cn -4 +trace
;; global options: +cmd
.                       3372    IN      NS      d.root-servers.net.
.                       3372    IN      NS      c.root-servers.net.
.                       3372    IN      NS      f.root-servers.net.
.                       3372    IN      NS      a.root-servers.net.
.                       3372    IN      NS      j.root-servers.net.
.                       3372    IN      NS      k.root-servers.net.
.                       3372    IN      NS      e.root-servers.net.
.                       3372    IN      NS      i.root-servers.net.
.                       3372    IN      NS      b.root-servers.net.
.                       3372    IN      NS      h.root-servers.net.
.                       3372    IN      NS      g.root-servers.net.
.                       3372    IN      NS      l.root-servers.net.
.                       3372    IN      NS      m.root-servers.net.
;; Received 228 bytes from 192.168.50.1#53(192.168.50.1) in 7 ms

cn.                     172800  IN      NS      ns.cernet.net.
cn.                     172800  IN      NS      e.dns.cn.
cn.                     172800  IN      NS      a.dns.cn.
cn.                     172800  IN      NS      c.dns.cn.
cn.                     172800  IN      NS      d.dns.cn.
cn.                     172800  IN      NS      b.dns.cn.
cn.                     86400   IN      DS      57724 8 2 5D0423633EB24A49
cn.                     86400   IN      RRSIG   DS 8 1 86400 2023122905000
n1JEwtwWQoGLbXd1oJLf4Jj w0motMbEozMIZnLbi0Wz8mAI0o0I8ARzTaPkcnEPqhSUBavGDE
1coDN Hzi2aTZ1a14aFNSiI0C9m972IaYomqYXFF1f+Zfd0OVtfpiKjVSM4s1W xEdgoOuU+9u
SIfxOV4JXEUTmQsg1vjzM4MQ9DWSA3xXvAy4Mtc33tM0 juBH8g==
;; Received 759 bytes from 192.36.148.17#53(i.root-servers.net) in 63 ms

edu.cn.                 172800  IN      NS      ns2.cuhk.hk.
edu.cn.                 172800  IN      NS      dns.edu.cn.
edu.cn.                 172800  IN      NS      dns2.edu.cn.
edu.cn.                 172800  IN      NS      deneb.dfn.de.
edu.cn.                 172800  IN      NS      ns2.cernet.net.
edu.cn.                 86400   IN      DS      15397 8 1 CA602972D554DF57
edu.cn.                 86400   IN      DS      15397 8 2 3A6C89D32B3143D1
edu.cn.                 86400   IN      RRSIG   DS 8 2 86400 2024010402033
zPHJi74OzIoXcfBf/gHwPDnHR dusATdWpH+Q1X712YknsWQyONT+ZNPUsVzJN25JvM1ieQvrx
K7pZYLN LfM=
;; Received 495 bytes from 203.119.27.1#53(c.dns.cn) in 18 ms

czimt.edu.cn.           172800  IN      NS      dns.czimt.edu.cn.
czimt.edu.cn.           172800  IN      NS      dns2.czimt.edu.cn.
6L9V3LFIA3A37M7J32QV66QQVP70OI7H.edu.cn. 21600 IN NSEC3 1 0 10 AFFF 6LBB35
6L9V3LFIA3A37M7J32QV66QQVP70OI7H.edu.cn. 21600 IN RRSIG NSEC3 8 3 21600 20
PKFiSoGqzehB7zoL+CWRtLp38wNdc3hoqjU6Xx/g 4HGWYS4T89cVaaZ8E/OsF6ez1QFhonLUR
LWQesCogwMJPpzM5JXDNU6 VDU=
couldn't get address for 'dns.czimt.edu.cn': not found
;; Received 446 bytes from 192.76.176.9#53(deneb.dfn.de) in 201 ms

www.czimt.edu.cn.       86400   IN      A       112.25.143.35
;; Received 61 bytes from 202.112.23.101#53(dns2.czimt.edu.cn) in 16 ms
```

图2-2-2 DNS查询全过程

查询过程如下：

①第一段列出根域名“.”的所有NS记录，即所有根域名服务器。根据内置的根域名服务器IP地址，DNS服务器向所有这些IP地址发出查询请求，询问“www. czimt. edu. cn”的顶级域名服务器“cn.”的NS记录。最先回复的根域名服务器将被缓存，以后只向这台服务器发请求。

②第二段结果显示“. cn”域名的6条NS记录，同时返回的还有每一条记录对应的IP

地址。然后，DNS 服务器向这些顶级域名服务器发出查询请求，询问 "www. czimt. edu. cn" 的次级域名 "edu. cn" 的 NS 记录。

③第三段结果显示 "edu. cn" 有 5 条 NS 记录，同时返回的还有每一条 NS 记录对应的 IP 地址。然后，DNS 服务器向这些次级域名服务器发出查询请求，询问 "www. czimt. edu. cn" 的三级域名 "czimt. edu. cn" 的 NS 记录。

④第四段结果显示 "czimt. edu. cn" 有 2 条 NS 记录，同时返回的还有每一条 NS 记录对应的 IP 地址。然后，DNS 服务器向这些三级域名服务器发出查询请求，询问 "www. czimt. edu. cn" 的主机名。

⑤第五段结果显示 "www. czimt. edu. cn" 有 1 条 A 记录，即这个 IP 地址可以访问到网站。

2.2.3 DNS 安全管理

DNS 安全是保护 DNS 基础设施免受网络攻击以保持其快速可靠运行的做法。有效的 DNS 安全策略包含许多重叠的防御措施，包括建立冗余 DNS 服务器、应用 DNSSEC 等安全协议以及要求严格的 DNS 日志记录。

常见的 DNS 攻击如下：

①DNS 欺骗/缓存中毒：这是将伪造的 DNS 数据引入 DNS 解析器缓存中的攻击，其将导致解析器返回域的错误 IP 地址。流量可能会被转移到恶意计算机或攻击者想要的其他任何位置，而不是前往正确网站；通常是用于恶意目的的原始站点副本，如分发恶意软件或收集登录信息。

②DNS 隧道：这种攻击使用其他协议通过 DNS 查询和响应建立隧道。攻击者可以使用 SSH、TCP 或 HTTP 在大多数防火墙未察觉的情况下将恶意软件或被盗信息传递到 DNS 查询中。

③DNS 劫持：在 DNS 劫持中，攻击者将查询重定向到不同的域名服务器。这可以通过恶意软件或未经授权修改 DNS 服务器来实现。尽管结果与 DNS 欺骗类似，但这是一种根本不同的攻击，因为它的目标是域名服务器上网站的 DNS 记录，而不是解析器的缓存。

④NXDOMAIN 攻击：这是一种 DNS 洪水攻击，攻击者利用请求淹没 DNS 服务器，从而请求不存在的记录，以试图导致合法流量的拒绝服务。这可使用复杂的攻击工具来实现，这些工具可为每个请求自动生成唯一子域。NXDOMAIN 攻击还可将递归解析器作为目标，目标是用垃圾请求填充解析器的高速缓存。

⑤随机子域攻击：在这种情况下，攻击者向一个合法站点的几个随机不存在的子域发送 DNS 查询。其目标是为该域的权威性域名服务器创建拒绝服务，从而使其无法从域名服务器查找网站。其副作用是，为攻击者提供服务的 ISP 也可能会受到影响，因为其递归解析器的高速缓存将被加载错误请求。

⑥域锁定攻击：攻击者会通过设置特殊域和解析器来与其他合法解析器建立 TCP 连接，从而策划这种攻击形式。当目标解析器发送请求时，这些域会发回缓慢的随机数据包流，从而占用解析器的资源。

⑦基于僵尸网络的 CPE 攻击：这些攻击使用 CPE 设备（客户端设备，这是由服务提供商提供给其客户使用的硬件，如调制解调器、路由器、电缆盒等）进行。攻击者危害 CPE，设备成为僵尸网络的一部分，用于对一个站点或域执行随机子域攻击。

DNS 安全扩展（Domain Name System Security Extensions，DNSSEC）是为缓解此问题而创建的安全协议。DNSSEC 通过对数据进行数字签名来防止攻击，以帮助确保其有效性。为确保进行安全查找，此签名必须在 DNS 查找过程的每个级别进行。

此签名过程类似于人们用笔签署法律文件；此人签署别人无法创建的唯一签名，并且法院专家能够查看该签名并验证文件是否由该人签署的。这些数字签名可确保数据未被篡改。

DNSSEC 在 DNS 的所有层中实施分层数字签名策略。例如，在"baidu. com"查找中，根 DNS 服务器将为 . COM 域名服务器签写一个密钥，然后 . COM 域名服务器将为"baidu. com"的权威性域名服务器签写一个密钥。

任务实施

2.2.4　在 VMware 虚拟机中搭建 DNS

**Windows Server
搭建 DNS 服务器**

①新建一台 Windows Server 2019 服务器，修改计算机名称为 DNS1，设置 IP 为 192. 168. 11. 1，如图 2 – 2 – 3 所示。

图 2 – 2 – 3　新建 Windows Server 2019 服务器

图 2 - 2 - 3　新建 Windows Server 2019 服务器（续）

②添加"DNS"服务器角色和功能，如图 2 - 2 - 4 所示。

图 2 - 2 - 4　添加角色和功能

③确认"DNS"服务器的先决条件是否完备，如图 2 - 2 - 5 所示。
④选择"DNS"服务器的安装类型，如图 2 - 2 - 6 所示。

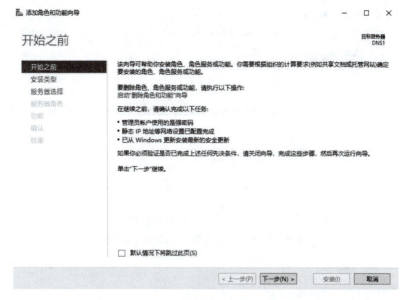

图 2 - 2 - 5　确认安装 DNS 服务前的注意事项

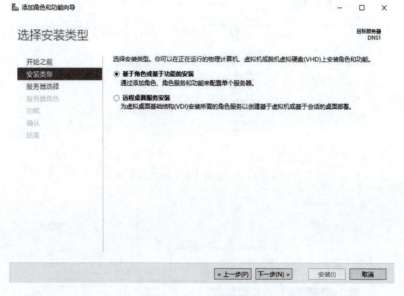

图 2 - 2 - 6　确定安装类型

⑤选择安装在当前服务器上，如图 2 - 2 - 7 所示。

⑥选择服务器角色并配置，如图 2 - 2 - 8 所示。

⑦选择服务器功能，无须配置，如图 2 - 2 - 9 所示。

⑧确认并完成安装，如图 2 - 2 - 10 所示。

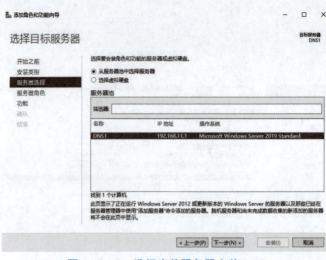

图 2 – 2 – 7　选择当前服务器安装 DNS

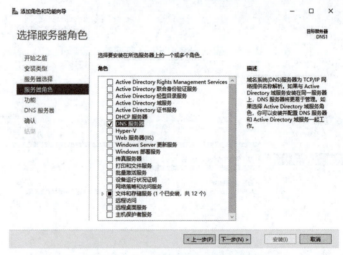

图 2 – 2 – 8　选择 DNS 角色并配置

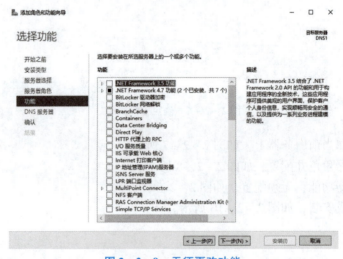

图 2 – 2 – 9　无须更改功能

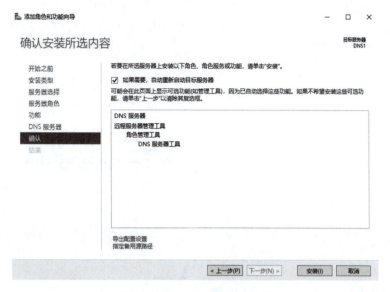

图 2 – 2 – 10　确认并完成安装

⑨打开 "DNS 管理器"，如图 2 – 2 – 11 所示。

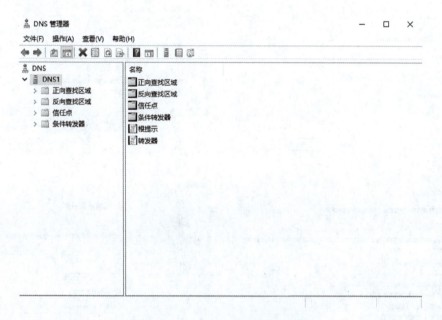

图 2 – 2 – 11　打开 "DNS 管理器"

⑩添加正向查找区域，域名假定为 "区域集中供能系统" 的英文缩写，即 "rcess. com"，如图 2 – 2 – 12 所示。

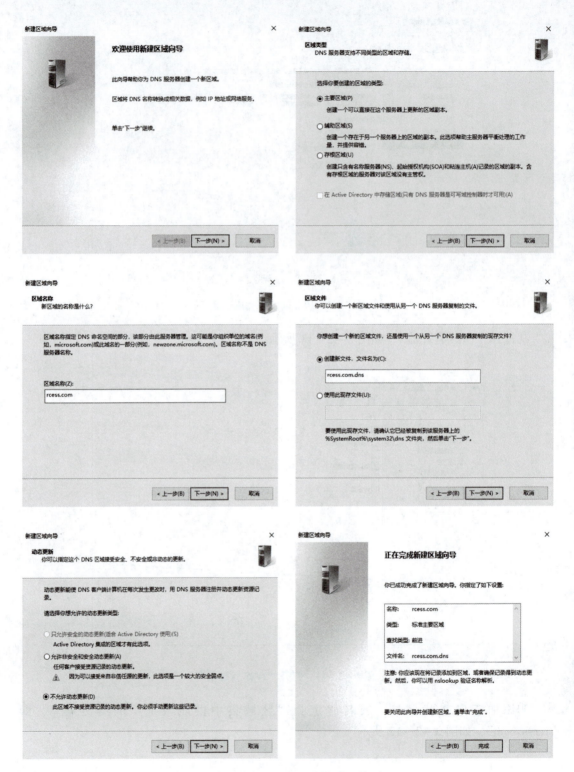

图 2 – 2 – 12　添加正向查找区域

⑪添加反向查找区域，如图 2-2-13 所示。

图 2-2-13　添加反向查找区域

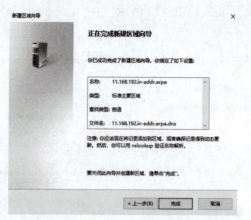

图 2 - 2 - 13　添加反向查找区域（续）

⑫检查和修改 NS 与 SOA 记录，如图 2 - 2 - 14 所示。

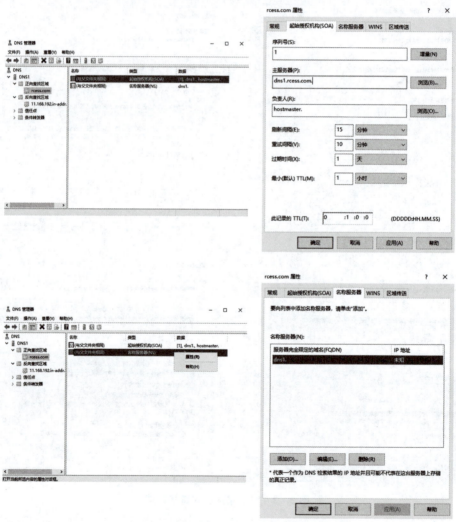

图 2 - 2 - 14　检查和修改 NS 与 SOA 记录

图 2 – 2 – 14　检查和修改 NS 与 SOA 记录（续）

⑬添加其他主机记录，如图 2 – 2 – 15 所示。

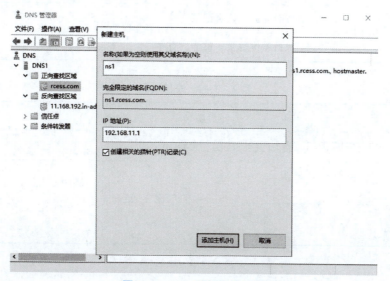

图 2 – 2 – 15　添加主机记录

任 务 评 价

任务评价如表 2 – 2 – 1 所示，总结反思如表 2 – 2 – 2 所示。

表 2 – 2 – 1　任务评价

评价类型	赋分	序号	具体指标	分值	得分		
					自评	组评	师评
职业能力	70	1	设置主机名与 IP 正确	10			

评价类型	赋分	序号	具体指标	分值	得分		
					自评	组评	师评
职业能力	70	2	启用 DNS 角色	10			
		3	正向区域配置正确	10			
		4	反向配置正确	10			
		5	NS、SOA、主机配置正确	15			
		6	理解原理	15			
职业素养	20	1	坚持出勤，遵守纪律	5			
		2	协作互助，解决难点	5			
		3	按照标准规范操作	5			
		4	持续改进优化	5			
劳动素养	10	1	按时完成，认真记录	5			
		2	保持工位卫生、整洁、有序	5			

表 2－2－2　总结反思

总结反思
目标达成：知识□□□□□　能力□□□□□　素养□□□□□

学习收获：	教师寄语：
问题反思：	签字：

课后任务

1）回答与讨论

①理解并复述 DNS 的工作原理。

②查看 DNS 正向与反向配置，了解 A 类、CNAME 类、MX 类配置。

2）巩固与提高

在学习 DNS 解析的过程中我们使用了 Windows Dig 工具，Dig 工具默认不包含在 Windows 中，需要额外安装。Windows Dig 命令的安装文件的官网是 ISC－ISC，网址为 https：//www.isc.org/。请同学们通过参考资料学习如何安装并使用 Dig。

工作任务单

《工业互联网安全与应用》工作任务单

工作任务			
小组名称		工作成员	
工作时间		完成总时长	
工作任务描述			

小组分工	姓名	工作任务	

任务执行结果记录			
序号	工作内容	完成情况	操作员
1			
2			
3			
4			

任务实施过程记录		
上级验收评定		验收人签名

任务 2.3　AD 域服务器部署与安全管理

学习目标

AD 域基本原理

(1) 了解 AD 域的使用目的。

(2) 学习 AD 域的工作原理。

(3) 了解常见的 AD 域安全管理知识。

(4) 能够在 Windows Server 系统上配置 AD 域服务。

(5) 借由 AD 域安全管理，理解计算机安全管理的必要性，提高法制意识。

任务要求

(1) 了解 AD 的起源、原理与运作原理，了解 AD 在商业环境、工业环境中的部署方案。

(2) 通过 VMware 软件练习在虚拟机上部署 Windows Server 服务器及在服务器上部署 AD，并创建域用户，查看效果。

(3) 了解 AD 域相关安全风险与安全保护机制。

知 识 准 备

2.3.1　域的含义

域（Domain）是 Windows 网络中独立运行的单位，域之间相互访问需要建立信任关系。信任关系是连接在域与域之间的桥梁。当一个域与其他域建立了信任关系后，两个域之间不但可以按需要相互进行管理，还可以跨网分配文件和打印机等设备资源，使不同的域之间实现网络资源的共享与管理，以及相互通信和数据传输。

域既是 Windows 网络操作系统的逻辑组织单元，也是 Internet 的逻辑组织单元，在 Windows 网络操作系统中，域是安全边界。域管理员只能管理域的内部，除非其他域显式地赋予它管理权限，它才能访问或者管理其他的域，每个域都有自己的安全策略，以及它与其他域的安全信任关系。

当企业网络中计算机和用户数量较多时，为了实现高效管理，就需要 Windows 域。

2.3.2　域的原理

在工作组的一切设置都在本机上进行，包括各种策略，用户登录也是登录在本机的，密码是放在本机的数据库来验证的。而如果计算机中加入域，各种策略是域控制器统一设定的，用户名和密码也是放到域控制器去验证，也就是说你的账号、密码可以在同一域的任何一台计算机上登录。

"域"的真正含义是指服务器控制网络上的计算机能否加入的计算机组合。一提到组合，势必需要严格的控制，因此实行严格的管理对网络安全是非常必要的。在对等网模式下，任何一台计算机只要接入网络，其他机器就都可以访问共享资源，如共享上网等。尽管对等网络上的共享文件可以加访问密码，但是非常容易被破解。

不过在"域"模式下，至少有一台服务器负责每一台连入网络的计算机和用户的验证工作，相当于一个单位的门卫，称为域控制器（Domain Controller，DC）。

域控制器中包含了由这个域的账户、密码、属于这个域的计算机等信息构成的数据库。当计算机连入网络时，域控制器首先要鉴别这台计算机是否是属于这个域的，用户使用的登录账号是否存在，密码是否正确。如果以上信息有一个不正确，那么域控制器就会拒绝这个用户从这台电脑登录。不能登录，用户就不能访问服务器上有权限保护的资源，而只能以对等网用户的方式访问 Windows 共享出来的资源，这样就在一定程度上保护了网络上的资源。

要把一台计算机加入域，仅仅使它和服务器在网上邻居中能够相互"看"到是远远不够的，必须由网络管理员进行相应的设置，把这台计算机加入域中，这样才能实现文件共享，集中统一，便于管理。

2.3.3　域的优势

①方便管理，权限管理比较集中，管理人员可以较好地管理计算机资源。

②安全性高，有利于企业的一些保密资料的管理，如一个文件只能让某一个人或指定人员看，但不可以删/改/移等。

③方便对用户操作进行权限设置，可以分发、指派软件等，实现网络内的软件一起安装。

④很多服务必须建立在域环境中，对管理员来说有好处：统一管理，方便在 MS 软件方面集成，如 ISA EXCHANGE（邮件服务器）、ISA SERVER（上网的各种设置与管理）等。

⑤使用漫游账户和文件夹重定向技术，个人账户的工作文件及数据等可以存储在服务器上，统一进行备份、管理，用户的数据更加安全、有保障。

⑥方便用户使用各种资源。

⑦系统管理服务器（System Management Server，SMS）能够分发应用程序、系统补丁等，用户可以选择安装，也可以由系统管理员指派自动安装。并能集中管理系统补丁（如 Windows Updates），不需每台客户端服务器都下载同样的补丁，从而节省大量网络带宽。

⑧资源共享：用户和管理员可以不知道他们所需要的对象的确切名称，但是他们可能知道这个对象的一个或多个属性，可以通过查找对象的部分属性在域中得到一个所有已知属性匹配的对象列表，通过域使基于一个或者多个对象属性来查找一个对象变成可能。

⑨域控制器集中管理用户对网络的访问，如登录、验证、访问目录和共享资源；域的实施通过提供对网络上所有对象的单点管理进一步简化了管理。

⑩可扩展性：在活动目录中，目录通过将目录组织成几个部分存储信息从而允许存储大量的对象。因此，目录可以随着组织的增长而一同扩展，允许用户从一个具有几百个对象的小安装环境发展成拥有几百万对象的大型安装环境。

⑪安全性：域为用户提供了单一的登录过程来访问网络资源，如所有他们具有权限的文件、打印机和应用程序资源。也就是说，用户可以登录到一台计算机来使用网络上另外一台计算机上的资源，只要用户具有对资源的合适权限。域通过对用户权限合适的划分，确定了只有对特定资源有合法权限的用户才能使用该资源，从而保障了资源使用的合法性和安全性。

⑫可冗余性：每个域控制器保存和维护目录的一个副本。在域中，创建的每一个用户账号都会对应目录的一个记录。当用户登录到域中的计算机时，域控制器将按照目录检查用户名、口令、登录限制以验证用户。当存在多个域控制器时，他们会定期相互复制目录信息，域控制器间的数据复制，促使用户信息发生改变时（如用户修改了口令），可以迅速复制到其他域控制器上，这样当一台域控制器出现故障时，用户仍然可以通过其他域控制进行登录，保障了网络的顺利运行。

Windows Server 搭建 AD 域服务器

2.3.4　域的规划建设

系统集成公司在做企业网络维护过程中，一般会建议公司采用单域单站点管理模式，建设主域控制器（Active Directory，AD）与备份域控制器（Backup Active Directory，BAD），在其下面采用组织单元（Organization Unit，OU）的模式集中管理各部门人员与计算机。此种管理模式成本降低，且减少管理复杂度和维护量。

①AD：公司所有权限管理，用户建立以及各种策略、软件等的管理及实施到每台计算机。同时，AD 动态地建立整个域模式网络中的对象的数据库或索引，协议为 LDAP，安装了 AD 的服务器称为 DC 域控制器，存储整个域的对象信息并周期性更新。

②BAD：采用与 AD 完全相同的设置，继承 AD 上的所有管理资料，防止 AD 出现故障后，公司计算机无法登录 AD 和使用网络资源，在 BAD 服务器上，建立资源共享文件夹，即 File server，进行公司文件的共享和使用，将 BAD 服务器做成 WSUS 服务器（Windows 补丁服务器），管理公司所有计算机补丁的下载与提供安装服务，如有需要还可集成 ISA SERVER 服务器，对公司的网络进行管控（上网行为管理）。

任务实施

2.3.5　创建域控制器

①新建一台 Windows Server 2019 服务器，修改计算机名称为 DNS1，设置 IP 为 192.168.11.3，如图 2-3-1 所示。

②将上一任务的 DNS 配置为"允许动态更新"。

③确认 AD 服务器的先决条件是否完备，选择 AD 服务器的安装类型，选择安装在当前服务器上，如图 2-3-2 所示。

④选择"Active Directory 域服务"，并确认配置，如图 2-3-3 所示。

⑤进入服务器功能，无须配置，最后确认并完成安装，如图 2-3-4 所示。

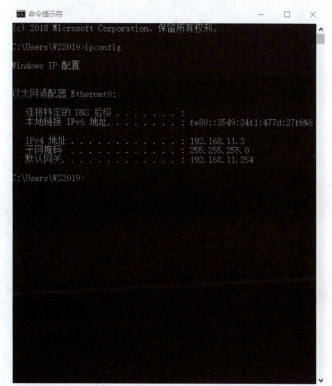

图 2-3-1　新建服务器（如果使用虚拟机克隆需运行 Sysprep 修改 SID）

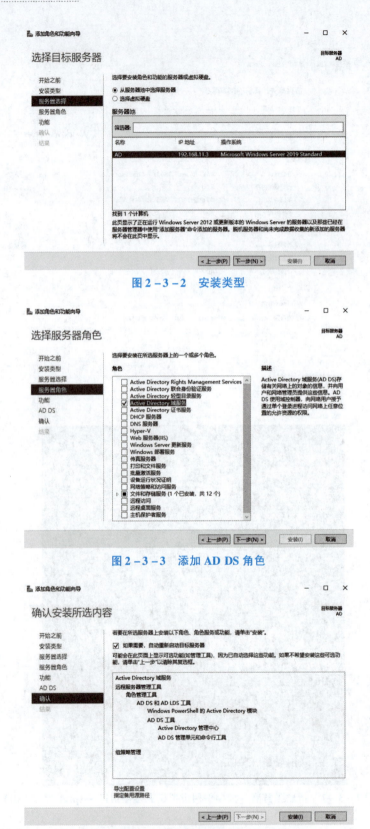

图 2-3-2　安装类型

图 2-3-3　添加 AD DS 角色

图 2-3-4　确认相关设置

⑥打开服务器管理器，会看到右上角一栏中的旗帜图标下有一个黄色警告，单击后会弹出如图 2 - 3 - 5 所示窗口，单击"提升为域控制器"命令。

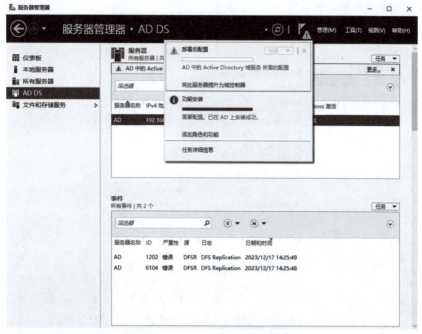

图 2 - 3 - 5　提升为域控制器

⑦打开域服务配置向导，如图 2 - 3 - 6 所示，选择"添加新林"选项，这个选项是什么意思呢？我们虽然只是简单地创建了一个域，但其实从逻辑上讲是创建了一个域林。因为域一定要隶属于域树，域树一定要隶属于域林。我们实际上是创建了一个域林，虽然这个域林内只有一棵域树，域树内只有一个树根。输入根域名 rcess. com。

图 2 - 3 - 6　添加新林

⑧去掉"域名系统（DNS）服务器（O）"的勾选项，输入还原模式密码，此密码在"恢复域控制器"会用到，如图2-3-7所示。

图2-3-7　不要勾选"域名系统（DNS）服务器（O）"功能

⑨确认其他选项配置、路径配置、查看选项，进入先决条件检查，此处展示一个常规问题，如图2-3-8所示。

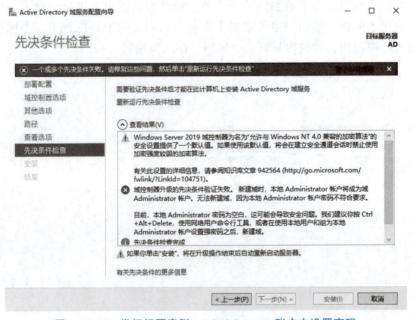

图2-3-8　常规问题案例：Administrator账户未设置密码

⑩按系统提示，在"计算机管理"中找到"系统工具"→"本地用户和组"→"用户"选项，为"Administrator"添加强密码，如图2-3-9所示。

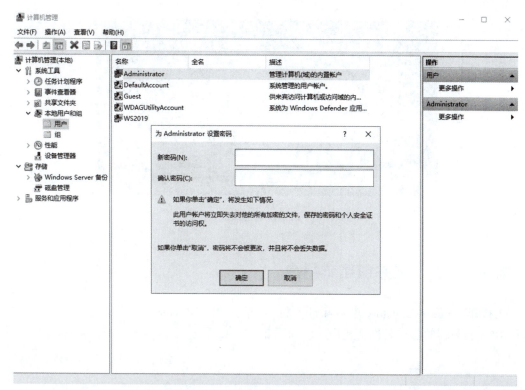

图 2 - 3 - 9　通过计算机管理修改密码

⑪重新验证先决条件，并确认安装，如图 2 - 3 - 10 所示。

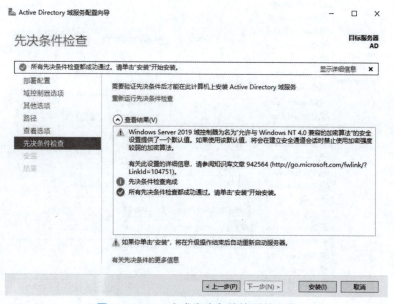

图 2 - 3 - 10　完成先决条件检测并安装

⑫安装重启后发现已经可以用域管理员的身份登录了，http：//rcess. com 域已经被成功创建，如图 2 - 3 - 11 所示。

图 2 - 3 - 11　域管理员登录界面

2.3.6　加入域并创建域用户

①打开 "Active Directory 用户和计算机"，单击 "rcess.com" → "Users" 选项，在右侧已 DNS 服务器的账户名称新建用户，如图 2 - 3 - 12 所示。

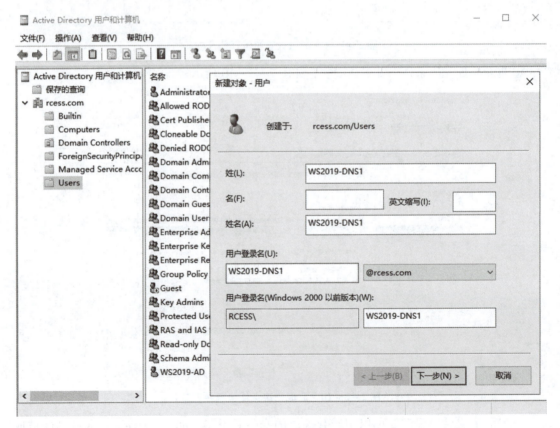

图 2 - 3 - 12　将 DNS 账户添加至 AD

②设置密码，单击"密码永不过期"复选框，如图 2 – 3 – 13 所示。

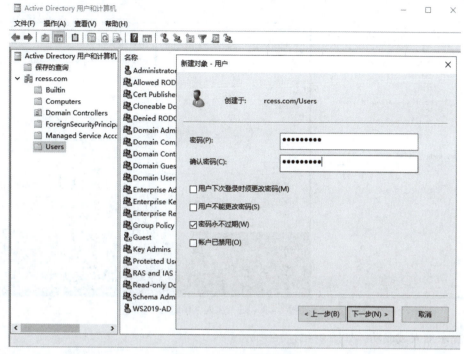

图 2 – 3 – 13　设置密码

③打开 DNS 服务器，将 AD 域主机地址信息"ad. rcess. com"添加到 DNS 服务器，如图 2 – 3 – 14 所示。

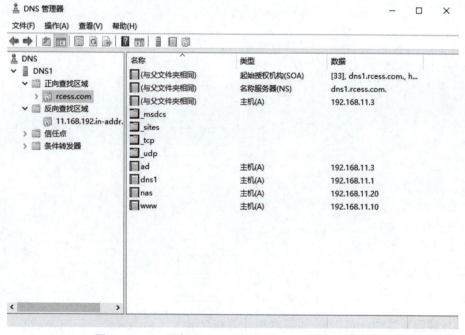

图 2 – 3 – 14　添加"ad. rcess. com"到 DNS 正向区域

④打开"系统",将 DNS 服务器添加到 AD 域,并输入账号与密码,如图 2 - 3 - 15 所示。

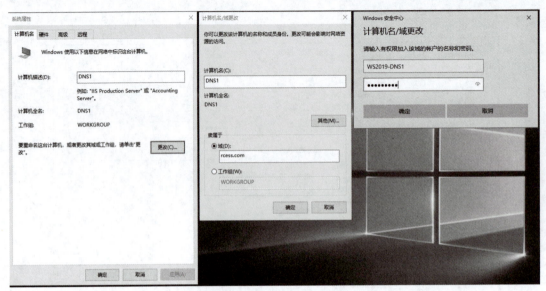

图 2 - 3 - 15　加入 AD 域

⑤提示加入域成功,如图 2 - 3 - 16 所示。

图 2 - 3 - 16　加入成功

⑥AD 域服务器中,可以在"用户和计算机"中"rcess. com"→"Computers"看到 DNS 服务器已在 AD 服务器中注册,如图 2 - 3 - 17 所示。

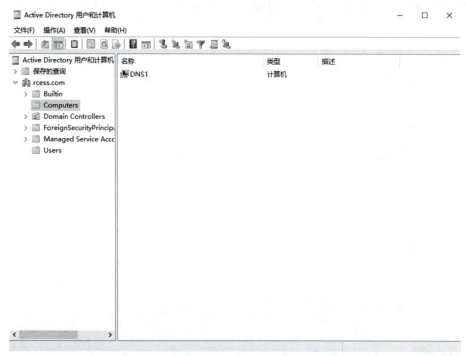

图 2 – 3 – 17 AD 域中已注册 DNS 服务器

⑦在"用户和计算机"中新建"组织单位",用于管理公司与用户计算机,如图 2 – 3 – 18 所示。

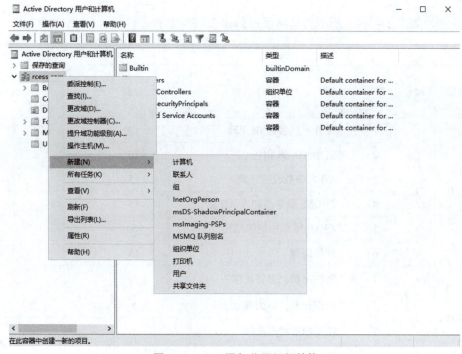

图 2 – 3 – 18 添加公司组织结构

⑧可以添加一些职能部门与用户，如图2-3-19所示。

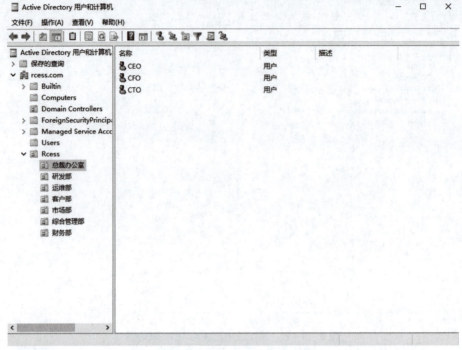

图2-3-19 按需添加用户

任务评价

任务评价如表2-3-1所示，总结反思如表2-3-2所示。

表2-3-1 任务评价

评价类型	赋分	序号	具体指标	分值	得分		
					自评	组评	师评
职业能力	70	1	设置主机名与IP正确	10			
		2	启用AD DS角色	10			
		3	AD域参数设置正确	15			
		4	将DNS服务器加入AD域	15			
		5	在AD域添加组织结构	5			
		6	理解原理	15			
职业素养	20	1	坚持出勤，遵守纪律	5			
		2	协作互助，解决难点	5			
		3	按照标准规范操作	5			
		4	持续改进优化	5			

评价类型	赋分	序号	具体指标	分值	得分		
					自评	组评	师评
劳动素养	10	1	按时完成，认真记录	5			
		2	保持工位卫生、整洁、有序	5			

表 2 – 3 – 2 总结反思

总结反思	
目标达成：知识□□□□□　能力□□□□□　素养□□□□□	
学习收获：	教师寄语：
问题反思：	签字：

课后任务

1）回答与讨论

①理解 AD 的工作原理并举例说明 AD 的功能。

②在 AD 角色中，除了 AD DS 还有其他角色，查看角色说明并了解其他 AD 角色的用途。

2）巩固与提高

在学习 AD 域部署的过程中，我们将 AD 服务器与 DNS 服务器分为两个独立的服务器，但在 Windows Server 中可以将 AD 服务器与 DNS 服务器部署在同一个服务器上，同学们可以新建一台虚拟机，学习当 AD 与 DNS 在同一台服务器上时该如何部署。

工 作 任 务 单

《工业互联网安全与应用》工作任务单

工作任务			
小组名称		工作成员	
工作时间		完成总时长	
工作任务描述			

小组分工	姓名	工作任务	

任务执行结果记录			
序号	工作内容	完成情况	操作员
1			
2			
3			
4			

任务实施过程记录			
上级验收评定		验收人签名	

任务 2.4　网络存储服务器部署与安全管理

学习目标

（1）了解 RAID 的使用目的。

（2）了解 RAID 的工作原理。

（3）学习网络存储服务器的类型与各项参数。

（4）能够配置与使用常见的商用 NAS 服务器（以群晖为例）。

（5）通过实操部署 NAS，使用 NAS 功能，培养求真务实的职业素养。

任务要求

（1）了解 RAID 相关知识原理。

（2）了解网络存储服务器的起源、原理与运作原理，了解网络存储服务器在商业环境、工业环境中的部署方案。

（3）了解常用的 NAS 硬件、软件及部署、使用方案。

知识准备

2.4.1　RAID 的原理与应用

在 RAID 还没发明前，都是以单台硬盘作为使用形式，当第 1 台硬盘存满后，必须再加装第 2，3……台来储存数据，这时因为每台硬盘中存放了不同的数据，就必须在各硬盘之间切换找数据，非常不方便。

于是人们发明了独立硬盘冗余阵列（Redundant Array of Independent Disks，RAID），利用虚拟化存储技术把多个硬盘组合起来，成为一个或多个硬盘阵列组，目的是提升性能或资料冗余，或是两者同时提升。简单来说，RAID 把多个硬盘组合成为一个逻辑硬盘，因此，操作系统只会把它当作一个实体硬盘。RAID 常被用在服务器电脑上，并且常使用完全相同的硬盘作为组合。由于硬盘价格的不断下降与 RAID 功能更加有效地与主板集成，它也成为普通用户的一个选择，特别是需要大容量存储空间的工作。

在运作中，取决于 RAID 层级不同，资料会以多种模式分散于各个硬盘，RAID 层级的命名会以 RAID 开头并带数字，如 RAID 0，RAID 1，RAID 5，RAID 6，RAID 7，RAID 01，RAID 10，RAID 50，RAID 60。每种等级都有其理论上的优缺点，不同的等级在两个目标间获取平衡，分别是增加资料可靠性以及增加存储器（群）读写性能。

下面列举几个常用的 RAID 等级，以便了解其工作原理：

1）RAID 0

RAID 0 也称为带区卷，如图 2-4-1 所示。它将两个以上的磁盘并联起来，成为一个大容量的磁盘。在存放数据时，分段后分散存储在这些磁盘中，因为读写时都可以并行处理，所以在所有级别中，RAID 0 的速度是最快的。但是 RAID 0 既没有冗余功能，也不具备容错能力，如果一个磁盘（物理）损坏，所有数据都会丢失。

2）RAID 1

两组以上的 N 个磁盘相互作镜像，如图 2 - 4 - 2 所示，在一些多线程操作系统中能有很好的读取速度，理论上读取速度等于硬盘数量的倍数，与 RAID 0 相同。另外写入速度有微小的降低。只要一个磁盘正常即可维持运作，可靠性最高。其原理为在主硬盘上存放数据的同时也在镜像硬盘上写一样的数据，当主硬盘（物理）损坏时，镜像硬盘则代替主硬盘的工作。因为有镜像硬盘做数据备份，所以 RAID 1 的数据安全性在所有的 RAID 级别上来说是最好的。但无论用多少磁盘做 RAID 1，仅算一个磁盘的容量，是所有 RAID 中磁盘利用率最低的一个级别。

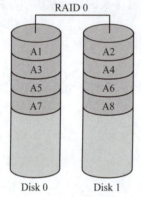

图 2 - 4 - 1　RAID 0 示意图　　　　图 2 - 4 - 2　RAID 1 示意图

3）RAID 5

RAID 5 是一种储存性能、数据安全和存储成本兼顾的存储解决方案。它使用的是硬盘分割（Disk Striping）技术，如图 2 - 4 - 3 所示。

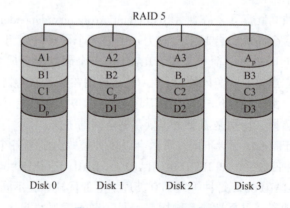

图 2 - 4 - 3　RAID 5 示意图

RAID 5 使用奇偶校验位，有效大小是 $N - 1$ 个磁盘的大小。然而，由于奇偶校验信息也在 N 个驱动器之间均匀分布，因此避免了每次写入都必须更新奇偶校验磁盘的瓶颈。它能防止单个磁盘故障，而且访问速度快。

RAID 5 不是对存储的数据进行备份，而是把数据和相对应的奇偶校验信息存储到组成 RAID 5 的各个磁盘上，并且奇偶校验信息和相对应的数据分别存储于不同的磁盘上。当 RAID 5 的一个磁盘数据发生损坏后，可以利用剩下的数据和相应的奇偶校验信息去恢复被损坏的数据。RAID 5 可以理解为是 RAID 0 和 RAID 1 的折中方案。RAID 5 可以为系统提供数据安全保障，但保障程度要比镜像低而磁盘空间利用率要比镜像高。RAID 5 具有和 RAID 0 相近的数据读取速度，只是因为多了一个奇偶校验信息，写入数据的速度相对单独写入一块硬盘的速度略慢，若使用"回写缓存"可以让性能改善不少。同时由于多个数据对应一个奇偶校验信息，RAID 5 的磁盘空间利用率要比 RAID 1 高，存储成本相对较便宜。

4）RAID 10

RAID 10 是先做镜像卷 RAID 1 将所有硬盘分为两组，再做 RAID 0 执行条带化操作分割数据，视为以 RAID 1 作为最低组合，然后将每组 RAID 1 视为一个硬盘组合为 RAID 0 运作，如图 2 - 4 - 4 所示。

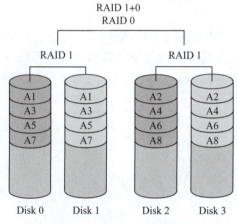

图 2 - 4 - 4　RAID 10 示意图

当 RAID 10 有一个硬盘受损时，其余硬盘会继续运作。RAID 01 只要有一个硬盘受损，同组 RAID 0 的所有硬盘都会停止运作，只剩下其他组的硬盘运作，可靠性较低。

5）RAID 50

RAID 50 是 RAID 5 与 RAID 0 的组合，先作 RAID 5，再作 RAID 0，也就是对多组 RAID 5 彼此构成 Stripe 访问，如图 2 - 4 - 5 所示。由于 RAID 50 是以 RAID 5 为基础，而 RAID 5 至少需要 3 个硬盘，因此要以多组 RAID 5 构成 RAID 50，至少需要 6 个硬盘。以 RAID 50 最小的 6 个硬盘配置为例，先把 6 个硬盘分为 2 组，每组 3 个构成 RAID 5，如此就得到两组 RAID 5，然后再把两组 RAID 5 构成 RAID 0。

RAID 50 在底层的任一组或多组 RAID 5 中出现 1 个硬盘损坏时，仍能维持运作，不过如果任一组 RAID 5 中出现 2 个或 2 个以上硬盘损毁，整组 RAID 50 就会失效。

RAID 50 由于在上层把多组 RAID 5 构成 Stripe，性能比起单纯的 RAID 5 高，容量利用率比 RAID 5 要低。例如同样使用 9 个硬盘，由各 3 个 RAID 5 再组成 RAID 0 的 RAID 50，每组 RAID 5 浪费 1 个硬盘，利用率为（1 - 3/9），RAID 5 利用率则为（1 - 1/9）。

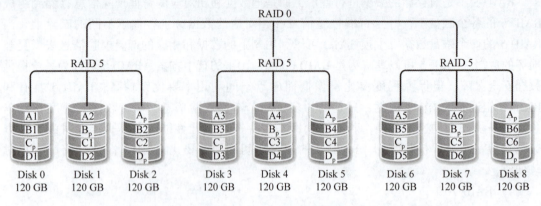

图 2 - 4 - 5   RAID 50 示意图

2.4.2   常见的网络存储服务器方案

常见的网络存储服务器方案如图 2 - 4 - 6 所示，在磁盘存储市场上，存储分类根据服务器类型分为：封闭系统的存储和开放系统的存储。封闭系统主要指大型机、AS400 等服务器，开放系统指基于包括 Windows、UNIX、Linux 等操作系统的服务器。开放系统的存储分为：内置存储和外挂存储。

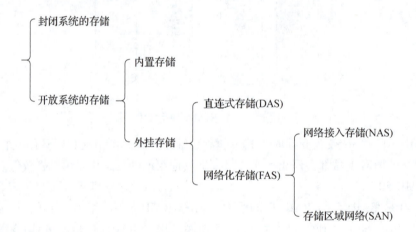

图 2 - 4 - 6   常见的网络存储服务器方案

开放系统的外挂存储根据连接的方式分为：直连式存储（Direct - Attached Storage，DAS）和网络化存储（Fabric - Attached Storage，FAS）。开放系统的网络化存储根据传输协议又分为：网络接入存储（Network - Attached Storage，NAS）和存储区域网络（Storage Area Network，SAN）。

1）DAS 方案

DAS 的存储设备通过 SCSI 接口电缆直接连接到服务器，存储设备不带有任何操作系统。它依赖于服务器，存储设备就是将硬件设备堆叠起来的。直连式存储也可称为服务器附加存储（Server Attached Storage，SAS）。

DAS 具有如下特性：

①DAS 设备不带有任何操作系统，文件系统位于服务器端，因此是以块级别进行数据传输。

②它是通过 SCSI 接口电缆与服务器相连，因此会增加服务器的 I/O 操作，占用 CPU，降低网络和服务性能。

③不支持多种系统的数据共享。

2）NAS 方案

NAS 是基于 IP 协议的文件级数据存储，支持现有的网络技术，如以太网、FDDI 等。NAS 设备完全是以数据为中心，将存储设备和服务器彻底隔离，集中管理数据，从而有效释放带宽，大大提高了网络整体性能。

NAS 设备是一种特殊的数据存储服务器，它内嵌系统软件，可以提供 NFS、SMB/CIFS 的文件共享。

NAS 设备的特点：

①由于 NAS 设备内嵌系统，因此数据以文件级别的方式进行传输。

②由于是一个单独的存储服务器，只负责数据的传输，减少了服务器的 I/O 操作，因此大大提高了网络性能。

③NAS 支持标准的网络文件系统，支持跨平台存储。

④服务器只存储数据，可以实现集中化的管理数据。

3）SAN 方案

SAN 是一个共享的高速存储网络，存储设备位于服务器的后端，且存储设备和服务器之间一般通过光纤交换机相连，因此传输速率比较快。当然也可以通过 IP 网络来继续传输，不过这对于网络带宽来说要求非常大。对于 SAN 来说，存储设备和服务器完全分离，服务器通过光纤交换机（或 IP 网络）与不同地区的各个存储设备相连，可以实现集中化管理。

SAN 的特点：

①由于文件系统位于服务器上，本身不带任何操作系统，因此数据以块级别的方式进行传输。

②由于存储服务器使用光接口，因此传输速率快、效率高。

③可以将不同区域的服务器通过光纤交换机相连，集中化进行管理。

④由于存储设备位于不同区域，因此可实现大容量存储数据共享。

任务实施

2.4.3 NAS 服务器的硬件安装（以群晖 Synology RS4021 为例）

①按如图 2-4-7 所示的顺序安装硬盘，如果计划创建 RAID 存储空间，则建议安装容量相同的硬盘，以充分使用硬盘容量。

图 2 - 4 - 7　磁盘安装顺序

②如需安装内存，按照如图 2 - 4 - 8 所示的顺序安装。

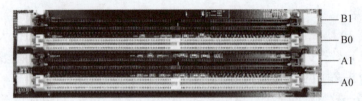

图 2 - 4 - 8　内存条安装顺序

③如需安装额外的 PCIe 板卡，如网卡，在如图 2 - 4 - 9 所示位置安装。

图 2 - 4 - 9　PCIe 板卡安装位置

④将 NAS 服务器通过导轨放入网络柜，如图 2 - 4 - 10 所示。

图 2 - 4 - 10　通过导轨放置在网络柜中

⑤为 NAS 服务器连接电源、网线，如图2-4-11所示。

图2-4-11 连接电源与网线

⑥按下正面左侧的开机按钮，打开 NAS 服务器，如图2-4-12所示。服务器会通过指示灯显示当前状态。

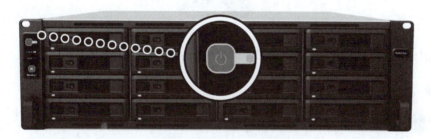

图2-4-12 开机按钮

前面板 LED 指示灯状态如表2-4-1所示。

表2-4-1 前面板 LED 指示灯状态

LED 指示灯	颜色	状态	描述
DRIVE 状态	绿色	常亮	硬盘状态正常
		闪烁	正在访问硬盘
	红色	常亮	硬盘出错/端口禁用
	熄灭		无内置硬盘
ALERT	橙色	闪烁	系统错误
	熄灭		系统正常

2.4.4 NAS 服务器的软件配置

①使用 Web Assistant 安装 DSM。RS4021xs + 内置了一个称为 Web Assistant 的工具，可通过网络下载最新版本的 DSM 并在 RS4021xs + 上进行安装。将配置用计算机与 NAS 服务器放在同一网络内，计算机打开网址："find. synology. com"或"synologynas:5000"。

②Web Assistant 会在网页浏览器中打开，该程序会在局域网上搜索并找到 Synology NAS，RS4021xs + 状态应为未安装，如图 2 - 4 - 13 所示。

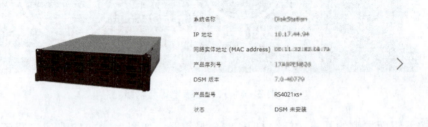

查找您的 Synology NAS

Web Assistant 可帮助您在 LAN 中找到 Synology 设备。Synology 会收集 IP 地址和端口信息以提供服务。请参阅我们的 服务条款 和 隐私声明 以了解详细信息。

系统名称	DiskStation
IP 地址	10.17.44.94
网络实体地址 (MAC address)	00:11:32:82:b8:73
产品序列号	17A0PN0028
DSM 版本	7.0-40779
产品型号	RS4021xs+
状态	DSM 未安装

图 2 - 4 - 13　Web Assistant 界面示意图

③单击"连接"按钮开始设置流程，并按照屏幕上的说明操作。

任务评价

任务评价如表 2 - 4 - 2 所示，总结反思如表 2 - 4 - 3 所示。

表 2 - 4 - 2　任务评价

评价类型	赋分	序号	具体指标	分值	得分		
					自评	组评	师评
职业能力	70	1	按正确顺序安装硬盘	10			
		2	正确安装内存与 PCIe 板卡	10			
		3	将 NAS 服务器放入网络柜	10			
		4	连接电源、网线，开启服务器	15			
		5	通过网页安装 DSM	15			
		6	完成后续配置工作	10			
职业素养	20	1	坚持出勤，遵守纪律	5			
		2	协作互助，解决难点	5			
		3	按照标准规范操作	5			
		4	持续改进优化	5			
劳动素养	10	1	按时完成，认真记录	5			
		2	保持工位卫生、整洁、有序	5			

表 2 – 4 – 3　总结反思

总结反思		
目标达成：知识□□□□□　能力□□□□□　素养□□□□□		
学习收获：	教师寄语：	
问题反思：	签字：	

课后任务

1）回答与讨论

①各个 RAID 之间的区别与优势、劣势。

②各个网络存储方案之间的优势、劣势。

③列举各个厂家的 NAS 服务器的参数，优势、劣势。

2）巩固与提高

在群晖的 NAS 服务器中，常用的文件同步与共享软件叫作 Synology Drive，用户可将 Synology Drive 用作文件门户，并可通过网页浏览器、桌面应用程序和移动应用程序进行访问，如图 2 – 4 – 14 所示。请同学们自学该软件的使用方案，并在 Windows 计算机、安卓手机、苹果手机等客户端测试效果。

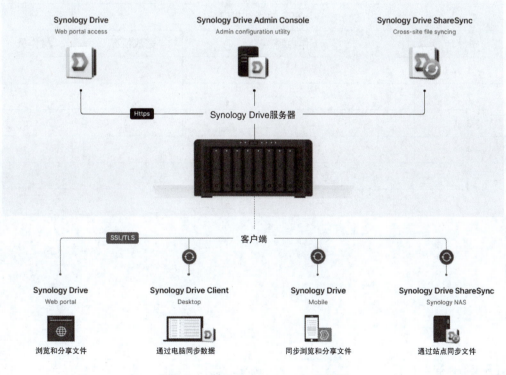

图 2 – 4 – 14　Synology Drive 示意图

工作任务单

《工业互联网安全与应用》工作任务单

工作任务			
小组名称		工作成员	
工作时间		完成总时长	
工作任务描述			

小组分工	姓名	工作任务	

任务执行结果记录			
序号	工作内容	完成情况	操作员
1			
2			
3			
4			

任务实施过程记录			
上级验收评定		验收人签名	

任务 2.5　数据库服务器部署与安全管理

学习目标

（1）了解数据库的分类。
（2）学习关系型数据库与非关系型数据库的区别。
（3）了解云数据库 RDS 技术、DMS 技术。
（4）尝试 RDS for MySQL 在线部署。
（5）理解不同数据库在不同场合的协作关系，培养爱集体、团结协作的精神。

任务要求

（1）了解数据库的起源与发展。
（2）了解关系型数据库、非关系型数据库的区别与典型的数据库。
（3）了解云数据库 RDS 技术原理。
（4）使用 RDS for MySQL 云数据库在线部署。

知识准备

2.5.1　数据库的起源与发展

20 世纪 60 年代是 IDS 横行的年代，此时数据库（Database）一词就出现在硅谷研发公司的技术备忘录中，伴随着阿波罗计划，IBM 的 IMS、Mainframe 以及 Navigational 数据库技术浮出水面。直到 1970 年，IBM 的埃德加·弗兰克·科德发表"大型共享数据库的关系模型"，被誉为"关系数据库之父"。

20 世纪 80 年代，IBM 主导的分级结构数据业务与关系型结构数据业务分离，柏克莱 Ingres 数据库研究项目联合 Oracle 创建了第一个商业 RDBMS。同期还有 IBM 的 DB2、天睿 Terodata 的大规模并行处理"无共享架构"数据库 Sharding。同时 IBM 使"数据仓库"这一词成为行业标准，首个面向对象的商业数据库 GemStone/S 推出。

20 世纪 90 年代，Arbor 公司发布第一款多维数据库 Essbase，瑞典 MySQl AB 公司发布第一款开源数据库 MySQL。

2009 年，第一款商用 Hadoop 发布，同年，分布式文档存储数据库 MongoDB 发布，引起去 SQL 化浪潮。

2010 年，Hbase 发布，两年后，基于云数据仓库服务的亚马逊 Redshift 发布，人类世界进入大数据时代。

2.5.2　关系型数据库与非关系型数据库

1）关系型数据库
关系型数据库是指采用了关系模型来组织数据的数据库。简单来说，关系模式就是二维表格模型。关系型数据库有三大优点：使用的二维表的结构非常贴近现实世界，容易被阅读理解；使用通用的 SQL 语句，使操作关系型数据库非常方便；数据库的 ACID 属性可以大大降低数据冗余和数据不一致的概率。但同时关系型数据库也有短板：对于并发量高的数据需求，数据库的读写效率不够；数据库最难以横向拓展，可用性存在疑虑。

典型的关系型数据库有：SQL Server、Oracle、MySQL、PostgreSQL。

关系型数据库的最大优点就是事务的一致性，这个特性使关系型数据库可以适用于一切要求一致性比较高的系统。但是在网页应用中，对这种一致性的要求不是那么严格，允许有一定的时间间隔，所以关系型数据库这个特点就不是那么重要了。相反，关系型数据库为了维护一致性所付出的巨大代价就是读写性能比较差。像微博、Facebook 这类应用，对于并发读写能力要求极高，关系型数据库已经无法应付，所以必须用一种新的数据结构存储来替代关系型数据库，由此非关系型数据库应运而生。

2）非关系型数据库

NoSQL 非关系型数据库，主要指那些非关系型的、分布式的，且一般不保证 ACID 的数据存储系统。NoSQL 提出了另一种理念，以键值来存储，且结构不稳定，每个元组都可以有不一样的字段，这种就不会局限于固定的结构，可以减少一些时间和空间的开销。使用这种方式，为了获取用户的不同信息，不需要像关系型数据库，需要进行多表查询，仅需根据 key 来取出对应的 value 值即可。

非关系型数据库大部分是开源的，实现比较简单，大都是针对一些特性的应用需求出现的。根据结构化方法和应用场景的不同，分为以下几类：

①面向高性能并发读写的 key – value 数据库，主要特点是具有极高的并发读写性能，如 Redis、Tokyo Cabint 等。

②面向海量数据访问的面向文档数据库，特点是可以在海量的数据库快速查询数据，如 MongoDB 以及 CouchDB。

③面向可拓展的分布式数据库，解决的主要问题是传统数据库扩展性上的缺陷。

但是由于 NoSQL 约束少，所以也不能像 SQL 那样提供 where 字段属性的查询，因此适合存储较为简单的数据。有一些不能持久化数据，所以需要和关系型数据库结合。

2.5.3　RDS 技术

云数据库（Relational Database Service，RDS）是一种基于云计算平台的稳定可靠、弹性伸缩、便捷管理的在线云数据库服务。RDS 支持 MySQL、SQL Server、PostgreSQL 和 MariaDB 引擎，同时供应商会提供容灾、备份、恢复、监控、迁移等方面的全套解决方案。

1）RDS for MySQL

MySQL 是目前最受欢迎的开源数据库之一，其性能卓越，搭配 LAMP（Linux + Apache + MySQL + Perl/PHP/Python），成为 Web 开发的高效解决方案。云数据库 RDS for MySQL 拥有即开即用、稳定可靠、安全运行、弹性伸缩、轻松管理、经济实用等特点。

2）RDS for SQL Server

SQL Server 是老牌商用级数据库，拥有成熟的企业级架构，能轻松应对各种复杂环境，可实现一站式部署，保障关键运维服务，大量降低人力成本。云数据库 RDS for SQL Server

根据华为国际化安全标准，打造安全稳定的数据库运行环境，被广泛应用于政府、金融、医疗、教育和游戏等领域。云数据库 RDS for SQL Server 具有即开即用、稳定可靠、安全运行、弹性伸缩、轻松管理和经济实用等特点。

3）RDS for PostgreSQL

PostgreSQL 是一个开源对象云数据库管理系统，并侧重于可扩展性和标准的符合性，被业界誉为"最先进的开源数据库"。云数据库 RDS for PostgreSQL 面向企业复杂 SQL 处理的 OLTP 在线事务处理场景，支持 NoSQL 数据类型（JSON/XML/Hstore），支持 GIS 地理信息处理，在可靠性、数据完整性方面有良好声誉，适用于互联网网站、位置应用系统、复杂数据对象处理等应用场景。

4）RDS for MariaDB

MariaDB 是由 MySQL 创始人 Monty 创立的，并且是目前流行的开源数据库之一。云数据库 RDS for MariaDB 与 MySQL 高度兼容，是一个功能强大、性能优越、安全可靠的数据库管理系统，适用于各种规模的应用程序。

任务实施

2.5.4　在华为云搭建 RDS 服务器

①进入购买云数据库 RDS 页面，选择计费模式，填写并选择实例相关信息后，单击"立即购买"按钮，如图 2-5-1 所示。按需选择资源所在区域，注意不同区域内的产品不互通。编辑实例名称，选择数据库为 MySQL，根据业务需求数据库版本，选择类型为主备，按需选择存储类型。

图 2-5-1　选择实例参数

②选择规格与存储，有通用型、独享型、鲲鹏通用增强型可选，此处我们采用通用型，按所需最大连接数选择 CPU 与内存的组合。同时定义存储空间大小，确定磁盘是否加密，如图 2 – 5 – 2 所示。

图 2 – 5 – 2　规格与储存

③如图 2 – 5 – 3 所示，云数据库 RDS 实例所在的虚拟网络环境，可以对不同的业务进行网络隔离，配置 RDS 时需要选择所属的私有云和所属的子网。同时需要配置安全组信息用于加强 RDS 与其他服务间的安全访问。密码可以现在设置，也可以之后设置。参考模板就像是数据库引擎配置值的容器，参考模板中的参数可应用于一个或多个相同类型的数据库实例。

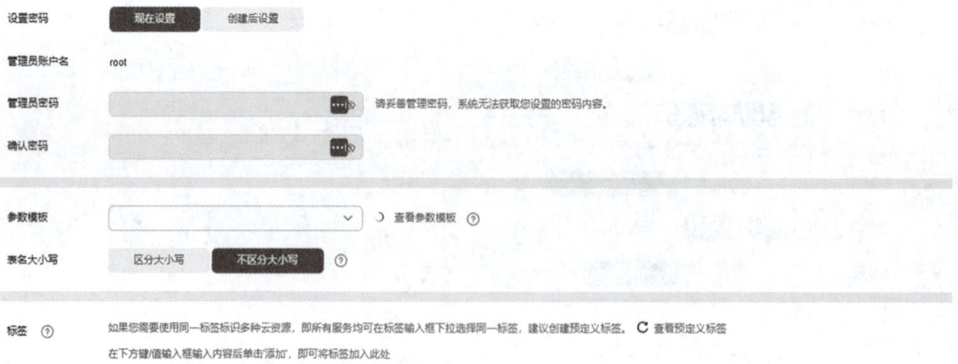

图 2 – 5 – 3　配置网络与数据库

④进行规格确认，确认后提交订单，如图 2 - 5 - 4 所示，并支付费用创建实例。

产品类型	产品规格		计费模式	数量	价格
	计费模式	按需计费			
	区域	上海一			
	实例名称	rds-34f3			
	数据库引擎	MySQL			
	数据库版本	5.7			
	实例类型	主备			
	主可用区	可用区1			
	备可用区	可用区3			
	性能规格	通用型 | 2 vCPUs | 8 GB, 建议连接数: 2500, TPS/QPS: 552 | 11039			
	存储类型	SSD云盘			
关系型数据库服务	存储空间	40 GB	按需计费		
	时区	UTC+08:00			
	磁盘加密	不加密			
	虚拟私有云	default_vpc			
	子网	default_subnet(192.168.0.0/24)			
	内网地址	自动分配			
	安全组	default_securitygroup			
	数据库端口	默认端口3306			
	参数模板	Default-MySQL-5.7			
	表名大小写	不区分大小写			
	企业项目	default			

图 2 - 5 - 4　规格确认

⑤云数据库 RDS 实例创建成功后，用户可以在"实例管理"页面对其进行查看和管理。在"实例管理"页面，选择目标实例，单击操作列的"登录"项，进入数据管理服务实例登录界面，如图 2 - 5 - 5 所示。

图 2 - 5 - 5　登录实例

⑥正确输入数据库用户名和密码，单击"登录"按钮，即可进入数据库并进行管理，如图 2 - 5 - 6 所示。

图 2 - 5 - 6　登录数据库

⑦数据管理服务（Data Admin Service，DAS）是一款专业的简化数据库管理工具，提供优质的可视化操作界面，类比 Navicat 软件，可以用来连接和管理数据库。

⑧在网页上选择"数据库"→"数据管理服务 DAS",进入数据管理服务页面,单击"登录"按钮进入 DAS,如图 2-5-7 所示。

图 2-5-7 通过 DAS 管理 RDS 数据库

⑨单击管理控制台上方的"库管理"页签,选择需要操作的数据库名称,选择"对象列表"页签,可以看到表、视图、存储过程、事件、触发器、函数等对象,如图 2-5-8 所示。

图 2-5-8 DAS 管理界面

任务评价

任务评价如表 2-5-1 所示,总结反思如表 2-5-2 所示。

表 2-5-1 任务评价

评价类型	赋分	序号	具体指标	分值	得分		
					自评	组评	师评
职业能力	70	1	理解关系型数据库	10			
		2	理解非关系型数据库	10			
		3	理解 RDS 技术原理	10			
		4	正确选择 RDS 参数实例	10			
		5	按需配置 RDS 规格与存储	10			
		6	配置 RDS 网络与数据库信息	10			
		7	通过 DAS 管理 RDS 数据库	10			
职业素养	20	1	坚持出勤,遵守纪律	5			
		2	协作互助,解决难点	5			
		3	按照标准规范操作	5			
		4	持续改进优化	5			

续表

评价类型	赋分	序号	具体指标	分值	得分		
					自评	组评	师评
劳动素养	10	1	按时完成，认真记录	5			
		2	保持工位卫生、整洁、有序	5			

表 2 – 5 – 2　总结反思

总结反思	
目标达成：知识□□□□□　能力□□□□□　素养□□□□□	
学习收获：	教师寄语：
问题反思：	签字：

课后任务

1）回答与讨论

①关系型数据库与非关系型数据库之间的区别与优势、劣势。

②RDS 技术为传统数据库带来了什么变革？

③常见的 RDS 支持哪些类型的数据库？

2）巩固与提高

在任务实施中，我们成功搭建了云数据库 RDS，并通过云端 DAS 数据管理服务进入了数据库，进行数据库配置与管理。云端 RDS 也可以通过常见的数据库软件连接访问。请同学们为 RDS 数据库添加公网地址，并通过 Navicat 软件连接 RDS 进行管理，如图 2 – 5 – 9 所示。

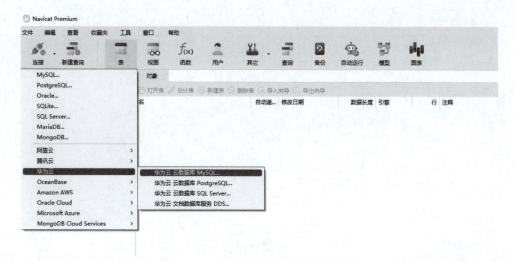

图 2 – 5 – 9　通过 Navicat 连接华为云

工 作 任 务 单

《工业互联网安全与应用》工作任务单

工作任务			
小组名称		工作成员	
工作时间		完成总时长	
工作任务描述			

	姓名	工作任务	
小组分工			

任务执行结果记录			
序号	工作内容	完成情况	操作员
1			
2			
3			
4			

任务实施过程记录			
上级验收评定		验收人签名	

项目3

区域集中供能系统的工业网络安全设备部署

🌀 项目介绍

在项目2中,我们学习了工业互联网的上层即公司业务层面的相关知识,了解了DHCP的基本原理,并利用DHCP Snooping设置了安全防护;学习了DNS域名解析服务、AD域控制器的工作原理与使用方法,在Windows Server 2019服务器上搭建了相关服务,并为公司设置了组织管理结构体系;同时我们还学习了网络存储服务的搭建与云数据库的使用方法,最终完成了公司业务层面的搭建。

接下来我们要转向业务层面与工业控制层面的安全管控,学习在业务层面网络出口、业务层面与工业控制层面的交界处、工业控制层面内部等位置,利用防火墙、网闸等设备实现安全管控。

🌀 学习要求

(1) 通过"安全隔离装置(网闸)配置与安全管理",了解网闸的发展历史与基本原理,学习配置网闸设备,增强对说明文档的阅读理解能力与动手实操能力。

(2) 通过"防火墙安全域管理与安全策略配置",学习防火墙工作原理,了解安全域与安全边界概念,提高网络安全意识,培养遵纪守法、维护社会安全的社会责任感。

(3) 通过"防火墙双机热备技术",学习双机热备原理与双机热备方案,培养对外来文化、外来事物的正确认知能力,树立正确的价值观。

知识图谱

任务 3.1 安全隔离装置（网闸）配置与安全管理

学习目标

（1）了解网络隔离技术的发展历史。

（2）了解现代网闸的工作原理。

（3）能通过网闸设备的产品说明书获取相关参数知识。

（4）尝试部署深信服"GAP 系列"网闸。

（5）了解网闸在国防安全中的重要性，培养爱党爱国核心意识。

任务要求

（1）了解网络隔离技术的起源与发展。
（2）了解现代网络隔离设备的部署位置、使用环境。
（3）阅读网闸说明书，了解参数与部署方式。
（4）尝试部署深信服"GAP系列"网闸。

知 识 准 备

3.1.1　网闸的由来

网闸（全称：安全隔离与信息交换系统）是从安全隔离的概念演变而来的。20世纪90年代中期，俄罗斯人Ry Jones提出"Air Gap"安全隔离概念，接着，以色列研制成功物理隔离卡，实现网络之间的安全隔离；后来，美国和以色列又先后推出了e-Gap和NetGap产品，利用专有硬件实现两个网络在安全隔离的情况下，进行数据安全交换。

我国安全隔离技术的发展也经历了类似过程，从最早的完全物理隔离，到物理隔离卡，并且随着技术的发展，我国对于数据安全的要求和管理也逐渐规范化和标准化，政府机关、军工等涉及数据敏感的组织，以及医院、生产制造业等单位，都会涉及机密数据的维护，网络隔离也被广泛应用到日常中；但网络隔离是出于数据安全考虑，在正常的业务开展中，不同网络之间却客观存在数据交换的需求，企业的数据传递需求并不会因为网络的隔离而消失，因此网闸应运而生。

3.1.2　网闸的定义

网闸一般以二主机加专用隔离部件的方式组成，即由内部处理单元、外部处理单元和专用隔离部件组成，如图3-1-1所示。网闸用于连接两个不同的安全域，实现两个安全域之间应用代理服务、协议转换、信息流访问控制、内容过滤和信息交换等功能。

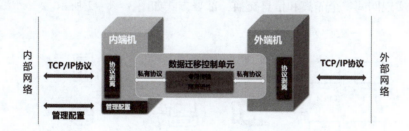

图3-1-1　网闸结构

网闸和防火墙具有以下区别：
①防火墙硬件结构为单主机系统架构，网闸为2主机+1专用隔离卡系统架构。
②防火墙是以互通为前提，尽量保证网络的安全，而网闸是以安全为前提，实现可控的数据互通。

③防火墙采用包过滤、单主机代理等安全检测机制，网闸使两端主机分别代理，内部采用私有通信协议通信。

④防火墙的应用业务能力比网闸更高。

3.1.3　网闸的发展历史

网闸的发展历程大致可分为以下三个阶段：

第一代网闸是单机隔离卡技术，借助物理隔离卡将一台设备上的硬盘物理分割为两个分区，分别与内外网络相连，形成两个完全独立的环境；采用单机隔离卡技术，解决了单机非实时信息交换的需求，但连续实时的业务依然无法开展。

第二代网闸的原理是利用单刀双掷开关使内外网的处理单元分时存取共享存储设备来完成数据交换，通过应用层数据提取与安全审查达到杜绝基于协议层的攻击，既保证安全，又保障了连续实时业务的开展。

第三代网闸是利用全新理念的专用交换通道（Private Exchange Tunnel，PET）技术，通过专用高速硬件通信卡、私有通信协议和加密签名机制来实现，采用专用高速硬件通信卡使得处理能力大大提高，而私有通信协议和加密签名机制保证了数据交换的机密性、完整性和可信性，在保证安全性的同时，提供更好的处理性能，能够适应复杂网络对隔离应用的需求。

3.1.4　网闸的分类

现如今，随着业务系统的迅速发展，各行业企业的网络规模迅速扩大，不同行业的需求、相关政策要求各不相同，网闸针对不同行业的需求和应用场景衍生出不同类别的产品，主要分为传统网闸、工业网闸、单向光闸、电力专用单向隔离装置等。

1）传统网闸

传统网闸采用"2 + 1"系统架构，通过对信息进行落地、还原、扫描、过滤、防病毒、审计等一系列安全处理，有效防止黑客攻击、恶意代码和病毒渗入，同时防止内部机密信息的泄露，实现网间安全隔离和信息交换，部署方式如图 3 - 1 - 2 所示。

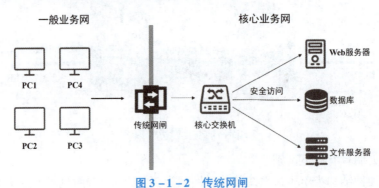

图 3 - 1 - 2　传统网闸

传统网闸具备对网页、邮件、文件、数据库等应用进行跨区域安全访问的功能，支持 SMB、FTP、SFTP、NFS 等多种文件协议，实现内网到外网、外网到内网、内外网双向的文件同步。针对数据库内容,传统网闸具备 Oracle、SQL Server、MySQL、PostgreSQL、DB2、Sybase 等多种主流数据库单、双向数据同步功能。

2)工业网闸

工业网闸在传统网闸的基础上加入了对 OPC、Modbus/TCP 等工业协议的深度解析能力,确保只有可信任的命令返回生产网络,保障生产控制系统中的数据安全有效传递,部署方式如图 3 – 1 – 3 所示。

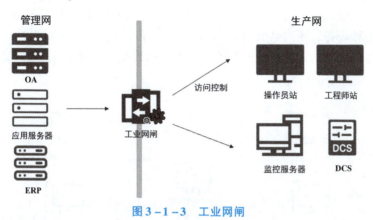

图 3 – 1 – 3　工业网闸

工业网闸能够对 OPC、Modbus/TCP、DNP3、S7 等常见的工业协议进行代理和指令级控制,实现对功能码、线圈值、值域范围等参数的控制。同时实时监测和记录系统运行状态、网络流量情况、工业协议数据交换行为及用户操作记录。

3)单向光闸

金融、公检法、军工、保密局等涉密等级较高的行业对内部专网的防护要求较高,一些涉密数据只能单向传输,此时光闸应运而生。由于光闸独特的物理架构(内部采用光信号传输)和功能特性,其在边界防护场景下的安全性高于网闸,为了在保证交互性的基础上提高安全性,这些涉密等级较高的行业已经逐步采用两台光闸替代一台网闸的方案,部署方式如图 3 – 1 – 4 所示。

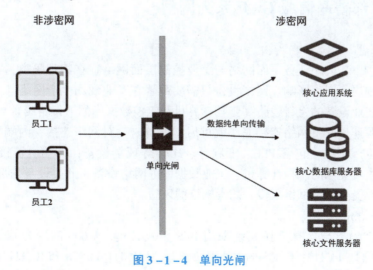

图 3 – 1 – 4　单向光闸

单向光闸可以在无数据信息反馈的情况下，有效保证数据纯单向传输的完整性和正确性；具备基于 FTP、SMB、NFS 等协议的文件单向同步，确保文件只能从非涉密网向涉密网传输，中间不存在任何数据包反馈；具备对 SQLServer、MySQL、PostgreSQL 等主流数据库单向同步。

4）电力专用单向隔离装置

由于电力安全防护的需要，电力专网对网络区域进行安全分区。但不同分区之间仍有通信的需要，这个时候就需要部署边界设备，以确保数据的安全传输。根据电力行业相关要求，生产大区与管理信息大区之间进行物理隔离，物理隔离边界即采用正向隔离装置与反向隔离装置两种设备，隔离装置通过白名单对数据通信进行识别和控制，使用一套独立的通信协议，在保证电力系统安全的基础上实现数据的互通，部署方式如图 3 –1 –5 所示。

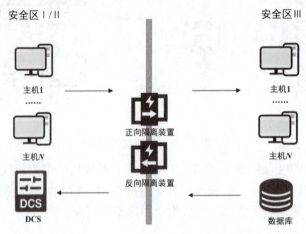

图 3 –1 –5　电力专用单向隔离装置

电力专用单向隔离装置具有单 bit 反馈功能、电力专用签名认证功能、实时报警功能。

任务实施

3.1.5　部署深信服 GAP 系列网闸

1）硬件部署

由于本案例中，公司业务层面网络与工业控制层面网络存在物理隔离，公司控制层面不能对工业控制层面产生影响。网闸设备只需要部署在工业现场生产网络与工业管理网络之间，即现场工业设备的上行线路（工控计算机和工控数据库的下行路线）。

将硬件电源连接好，网络连接完毕就可启动设备。针对网络连接，内端机连接可信内网络，即工业生产网络，包含 PLC、变频器、HMI 等现场设备；外端机连接非可信网络，包括涉及运维人员控制的工控计算机、工业数据库等网络设备，此类设备均部署在主控室，有人员误操作或受到外部网络入侵、病毒感染的风险。

2）默认网络介绍

深信服安全隔离与信息交换系统采用 B/S 模式管理，A600S 的内外端缺省 IP 为 10.111.14.118 和 10.111.14.119；C640S 的内外端缺省 IP 为 10.111.14.128 和 10.111.14.129；E640S 的内外端缺省 IP 为 10.111.14.138 和 10.111.14.139。找一台安装有浏览器的计算机与管理口相

连，修改客户机 IP 地址，使其与内端管理接口处于同一个网段，例如设置为 10.111.14.110/24；在浏览器地址栏输入 https：//10.111.14.138：8443，即出现管理系统登录界面。

3）登录系统

在"用户名"一栏输入用户名"admin"，在"密码"一栏输入其对应默认口令"12345678"，首次使用默认的初始密码（12345678）登录后，会提示修改初始密码，跳转到修改密码界面后，需按照相应格式要求修改密码，修改后会重新回到登录页面，才可正常再次登录。

进入深信服安全隔离与信息交换系统的管理系统。管理系统分为系统监控、系统管理、文件同步配置、数据库同步配置、协议安全代理、数控库安全代理、音视频安全代理、高可用、日志审计、工具箱 10 个模块，如图 3 − 1 − 6 所示。

图 3 − 1 − 6　功能模块

4）通过 Web 管理设备

深信服安全隔离与信息交换系统的所有管理、配置、监控工作均在 Web 管理平台完成，管理主要在内端，外端可查看配置。首次进入系统 Web 页面，默认有两个月试用授权，授权到期后，再次进入系统需要重新进行激活，可根据页面的机器码找相关技术支持人员获取激活码，正式激活后，需重启设备使流控配置生效，后续使用授权期限内均无须再激活，如图 3 − 1 − 7 所示。

图 3 − 1 − 7　设备授权

5）网络配置

使用管理员账户登录内端系统，在"系统管理"→"IPv4 网络设置"处修改外端、内端的管理口 IP，以及根据需求设置默认网关和 DNS、路由等。

再分别为设备内外网接口设置业务口 IP。选择插入网线连接状态的业务口，输入 IP、子网掩码，保存即可，内外端需分别设置，均在内端操作。注意同一个业务口上可以设置一个或多个同网段或不同网段的 IP 地址，但是不同的网络接口上绝对不可以设置同一网段的 IP 地址。

外端设置如图 3 - 1 - 8、图 3 - 1 - 9 所示，内端设置如图 3 - 1 - 10 所示。

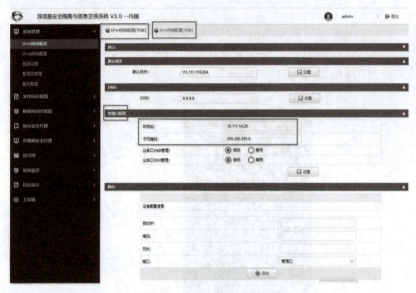

图 3 - 1 - 8　外端管理口配置

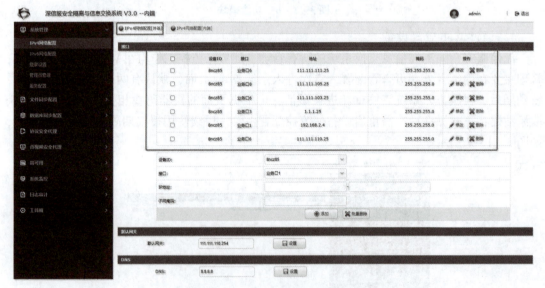

图 3 - 1 - 9　外端接口设置

6）连通性验证

完成网络配置后，分别登录内外端系统，进入"工具箱"→"连通测试"，在内端输入任意内容，保存后，到外端的连通测试页面，查看是否正确同步过来，如图 3 - 1 - 11 所示。

图 3 – 1 – 10　内端接口设置

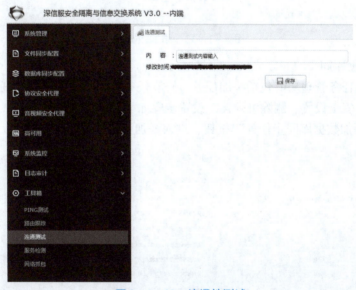

图 3 – 1 – 11　连通性测试

7）添加数据库

数据库资源管理功能包括数据库资源的查询、添加、修改以及删除。界面如图 3 – 1 – 12 所示。

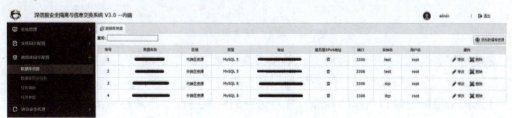

图 3 – 1 – 12　数据库管理

单击"添加数据库资源"按钮，进入添加数据库数据资源界面，如图 3-1-13 所示，输入资源名称、数据库服务器地址、数据库端口、实例名、用户名、密码，选择资源所在区域、数据库类型、是否为 IPv6 地址。单击"保存"按钮，即可添加数据库资源。单击"重置"按钮，可将输入框内容置空。

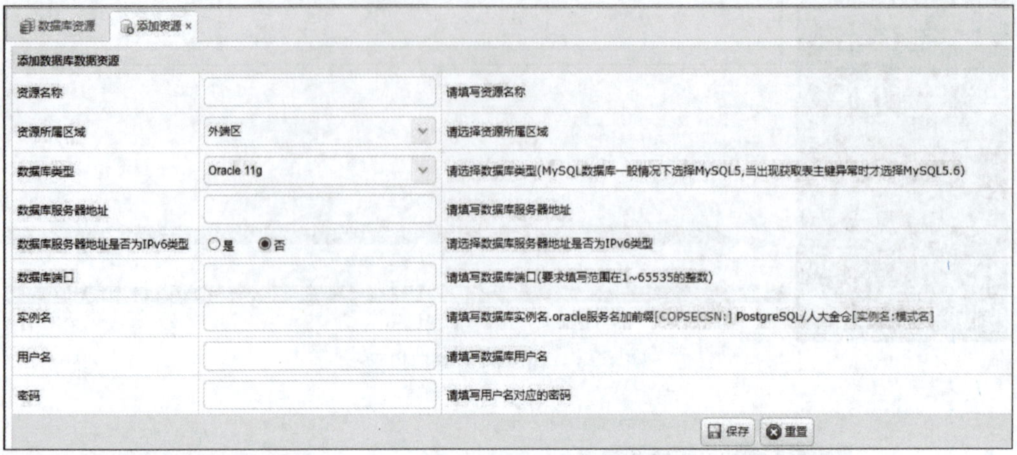

图 3-1-13　添加数据库

8）设置数据库同步

数据库同步任务管理功能包括添加任务、修改任务、删除任务、启动任务、停止任务、批量选择任务、安全设置、删除触发器。设置步骤如下：

①单击"添加数据库同步任务"按钮，进入添加数据库同步任务界面，如图 3-1-14 所示。

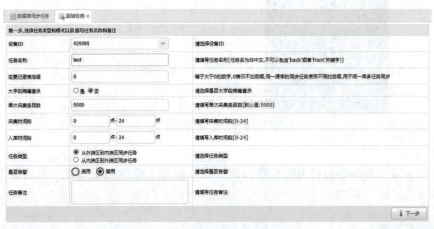

图 3-1-14　新增同步任务

②填写任务名称、变记录表后缀、单次采集条数、采集时间段、入库时间段、任务备注，选择是否大字段病毒查杀、任务类型、是否告警。

③选择采集的资源和入库的资源，并对选择的资源进行"连通性测试"，连接成功，如图 3-1-15 所示。

图3－1－15 配置数据库资源

④选择数据采集规则，可选"全量采集"或"增量采集"，全量模式可选"普通"或"高速"，选择后单击"下一步"按钮，如图3－1－16所示。

图3－1－16 配置采集规则

⑤选择同步的表，如图3－1－17所示。

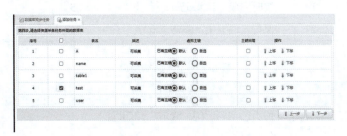

图3－1－17 选择表

⑥配置入库策略，可进行表名映射，如图3－1－18所示。

图3－1－18 表名映射

⑦按需配置推送操作，增删改排查特定用户。
⑧按需配置字段触发规则，单击对应表的"字段触发配置"，进入字段触发配置操作页面。
⑨按需配置同步条件，单击对应表的"同步条件配置"，进入同步条件配置操作页面。
⑩进行任务信息确认操作，单击"保存"按钮完成数据库同步任务的添加。

任务评价

任务评价如表 3 – 1 – 1 所示，总结反思如表 3 – 1 – 2 所示。

表 3 – 1 – 1　任务评价

评价类型	赋分	序号	具体指标	分值	得分		
					自评	组评	师评
职业能力	70	1	了解网闸的分类	10			
		2	了解网闸的工作原理	10			
		3	完成网闸的硬件部署	10			
		4	完成首次登录	10			
		5	配置网闸内外端口	15			
		6	配置数据库同步	15			
职业素养	20	1	坚持出勤，遵守纪律	5			
		2	协作互助，解决难点	5			
		3	按照标准规范操作	5			
		4	持续改进优化	5			
劳动素养	10	1	按时完成，认真记录	5			
		2	保持工位卫生、整洁、有序	5			

表 3 – 1 – 2　总结反思

总结反思	
目标达成：知识□□□□□　能力□□□□□　素养□□□□□	
学习收获：	教师寄语：
问题反思：	签字：

课后任务

1）回答与讨论

①阐述网闸的分类与应用场景。

②了解常见的网闸供应厂家与设备参数。

③讨论网闸的常见部署位置与本项目中网闸的部署目的。

2）巩固与提高

在任务实施中，我们成功地部署了网闸，并进行了首次登录与密码修改。我们开启了一个常见的网闸功能：数据库接入与数据库同步，此外网闸还有许多功能，如文件同步、协议安全代理、数据库安全代理、音频视频安全代理、审计等，请同学们查阅使用说明书，学习相关功能的配置方法。

工作任务单

《工业互联网安全与应用》工作任务单

工作任务				
小组名称		工作成员		
工作时间		完成总时长		
工作任务描述				

	姓名	工作任务		
小组分工				

任务执行结果记录			
序号	工作内容	完成情况	操作员
1			
2			
3			
4			

任务实施过程记录		
上级验收评定		验收人签名

任务 3.2　防火墙安全域管理与安全策略配置

学习目标

（1）了解防火墙的发展历史。

（2）学习并理解防火墙的工作原理。

（3）了解防火墙安全区域与安全策略的定义。

（4）在 eNSP 中模拟搭建防火墙。

（5）在不同需求下分析使用不同的防火墙，培养具体问题具体分析的习惯。

任务要求

（1）了解防火墙的起源与发展。

（2）理解现代防火墙的工作原理与工作方式。

（3）了解防火墙的部署位置以及安全区域、安全策略的概念。

（4）在 eNSP 中模拟部署出口防火墙。

知识准备

3.2.1　防火墙的定义

防火墙（Firewall）是一种计算机安全工具，旨在保护计算机网络免受未经授权的访问和攻击。它通过控制进入和离开网络的流量，监控网络通信，过滤恶意流量和阻止未授权的访问等方式来保护网络安全。防火墙可以根据预先设定的规则，自动阻止不安全的网络连接，从而保护网络和计算机免受恶意软件、网络攻击和黑客入侵。

防火墙在企业和个人设置中都被广泛使用，是网络安全的重要组成部分。尽管大多数操作系统都有基本的内置防火墙，但使用第三方防火墙应用程序可以提供更好的保护。

防火墙可以是硬件、软件或二者的组合。硬件防火墙是一个独立的设备，可以连接到网络，拦截流量并强制执行安全策略。软件防火墙通常是安装在计算机上的应用程序，可以监视网络流量并执行相应的安全策略。在大型网络中，通常使用二者的组合以增强安全性、降低风险。

防火墙的工作原理的关键在于定义安全策略。安全策略是一组规则，指定哪些流量可以通过防火墙，哪些流量必须被阻止，以及哪些类型的流量允许进出网络。这些规则可以根据组织的需求进行自定义，以确保网络的安全性和符合监管标准。

3.2.2　防火墙的类型

1）包过滤防火墙

防火墙的包过滤技术（见图 3 - 2 - 1）一般只应用于 OSI 七层模型的网络层数据中，其能够完成对防火墙的状态检测，从而预先确定逻辑策略。逻辑策略主要针对地址、端口与源地址，通过防火墙所有的数据都需要进行分析，如果数据包内具有的信息和策略要求是不相符的，则其数据包就能够顺利通过；如果是完全相符的，则其数据包就被迅速拦截。计算机数据包传输的过程中，一般会分解成很多由源和目的地址等组成的一种小型数据包，当它们通过防火墙时，尽管其能够通过很多传输路径进行传输，但最终都会汇合于同一地方，在这个目的地点位置，所有的数据包都需要进行防火墙的检测，在检测合格后，才会允许通过，如果传输过程，出现数据包的丢失以及地址的变化等情况，则会被抛弃。

包过滤防火墙消耗的资源非常少，这意味着，它们对系统性能没有任何影响，但同时它看起来只是表面级别的参数，因此任何由内容执行的攻击都不会被阻止。

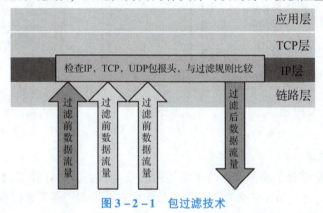

图 3 - 2 - 1　包过滤技术

2）状态检测防火墙

状态检测防火墙在网络层有一个检查引擎截获数据包并抽取出与应用层状态有关的信息，并以此为依据决定对该连接是接受还是拒绝。状态检测技术（见图 3 - 2 - 2）提供了高度安全的解决方案，同时具有较好的适应性和扩展性。状态检测防火墙一般也包括一些代理级的服务，它们提供附加的对特定应用程序数据内容的支持。状态检测技术最适合提供对 UDP 协议的有限支持。它将所有通过防火墙的 UDP 分组均视为一个虚连接，当反向应答分组送达时，就认为一个虚拟连接已经建立。状态检测防火墙克服了包过滤防火墙和应用代理服务器的局限性，不仅检测"to"和"from"的地址，而且不要求每个访问的应用都有代理。

3）应用代理防火墙

应用代理防火墙主要的工作范围就是在 OSI 的最高层，位于应用层之上。其主要特征是可以完全隔离网络通信流，通过特定的代理程序就可以实现对应用层的监督与控制。包过滤防火墙和应用代理防火墙是两种应用较为普遍的防火墙，其他一些防火墙应用效果也较为显著，在实际应用中要综合具体的需求以及状况合理地选择防火墙的类型，这样才可以有效地避免防火墙的外部侵扰等问题的出现。应用代理技术如图 3 - 2 - 3 所示。

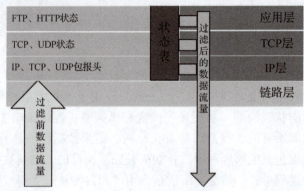

图 3 – 2 – 2　状态检测技术

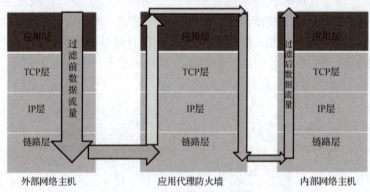

图 3 – 2 – 3　应用代理技术

4）下一代防火墙

下一代防火墙是结合了许多其他防火墙功能的安全设备，它合并了数据包、状态和深度数据包检查。简而言之，NGFW 会检查数据包的实际有效负载，而不是仅仅关注标头信息。

与传统防火墙不同，下一代防火墙检查数据的整个事务，包括 TCP 握手、表面级别和深度包检查。使用 NGFW 可以充分防御恶意软件攻击、外部威胁和入侵。这些设备非常灵活，并且没有明确定义它们提供的功能。因此，配置时需要了解每个特定选项提供的内容。

3.2.3　防火墙部署架构

1）透明模式

透明模式即网桥模式，只区分内部网络和外部网络。不需要对防火墙进行 IP 设置，内网用户意识不到防火墙的存在，隐蔽性较好，降低了用户管理的复杂性，也不需要修改网络拓扑结构，如图 3 – 2 – 4 所示。

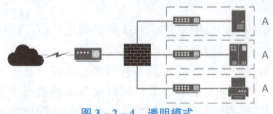

图 3 – 2 – 4　透明模式

2）路由模式

在路由模式中，防火墙的各个安全区域位于不同的网段，且防火墙自身有 IP 地址，子网之间的相互访问控制被隔离，此时防火墙工作在第三层，可以开启更复杂的管理功能，但是部署时需要改变现有网络拓扑结构，如图 3-2-5 所示。

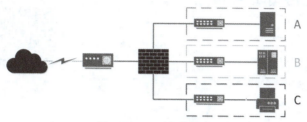

图 3-2-5　路由模式

3）混合模式

混合模式顾名思义就是混合了路由模式和透明模式，这种模式的防火墙在实际生活中应用比较广泛，在混合模式中，内网和服务器区域是透明模式，与外网间则是路由模式，如图 3-2-6 所示。

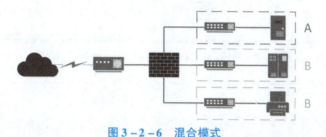

图 3-2-6　混合模式

任务实施

eNSP 防火墙
配置与应用

3.2.4　在 eNSP 中搭建防火墙

①本实验中我们将使用 eNSP 模拟防火墙搭建与配置，在搭建中将模拟可信区域计算机、非可信区域计算机、DMZ 区域计算机。

②本次实验会通过本地计算机的网络页面配置 eNSP 中的虚拟防火墙，需要为 eNSP 新建一个用于与防火墙双向沟通的网卡，所以在打开 eNSP 软件之前，需要先打开 "Oracle VM VirtualBox" 软件，如图 3-2-7 所示。

③如图 3-2-8 所示，单击右上角 "全局工具" 选项，单击 "主机网络管理器" 模块，打开 "主机网络管理器" 页面。

④单击左上角 "创建" 按钮，可以看到增加了一张网卡 "VirtualBox Host-Only Ethernet Adapter #2"，修改网卡 IP 为 "192.168.100.100"，掩码为 "255.255.255.0"，关闭 DHCP 服务，如图 3-2-9 所示，为配置防火墙做准备，防火墙配置端口将会设置为 "192.168.100.1"。

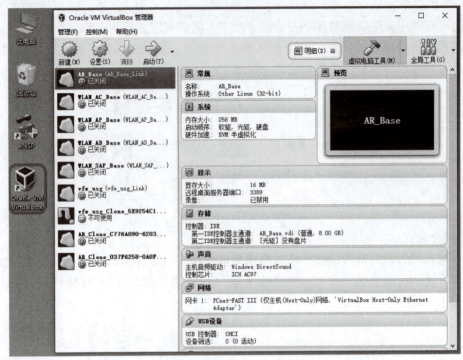

图 3 – 2 – 7 打开 "Oracle VM VirtualBox" 软件

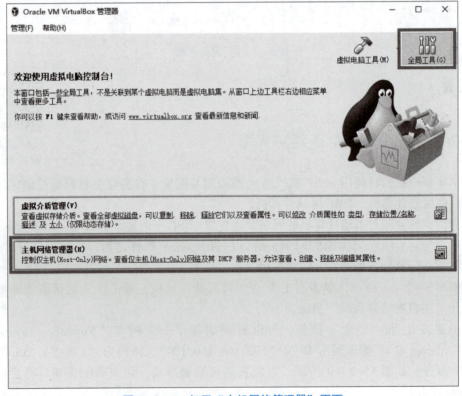

图 3 – 2 – 8 打开 "主机网络管理器" 页面

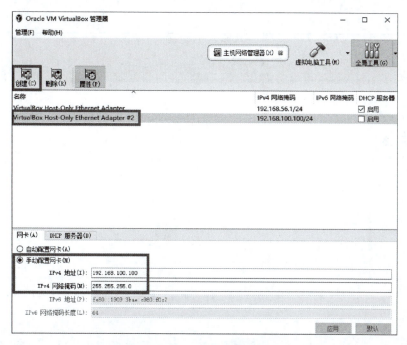

图 3 - 2 - 9　新增并配置网卡

⑤配置完成后，需要在系统中卸载并重装"WinPcap 4. 1. 3"软件，如图 3 - 2 - 10 所示。

图 3 - 2 - 10　重装 WinPcap 4. 1. 3

⑥完成以上预备工作后，我们可以打开 eNSP，新建一个工程，并按如图 3 - 2 - 11 所示部署好设备。

⑦配置 Cloud，依次将"UDP"和"VirtualBox Host - Only Network #2"作为 1 号、2 号端口添加到端口列表，如图 3 - 2 - 12 所示。

115

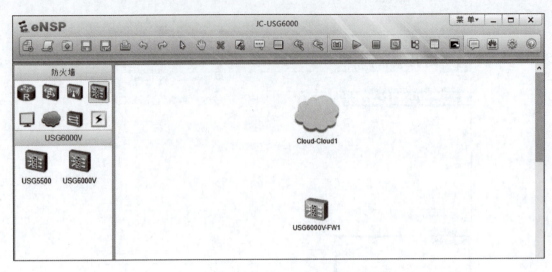

图 3 – 2 – 11　新建工程

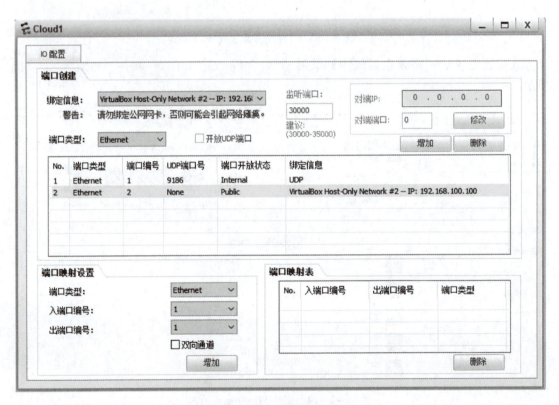

图 3 – 2 – 12　添加两个端口

⑧配置端口映射，入端口为 1 号，出端口为 2 号，打开双向通道，单击 "增加" 按钮，就可以在端口映射表看到结果，如图 3 – 2 – 13 所示。

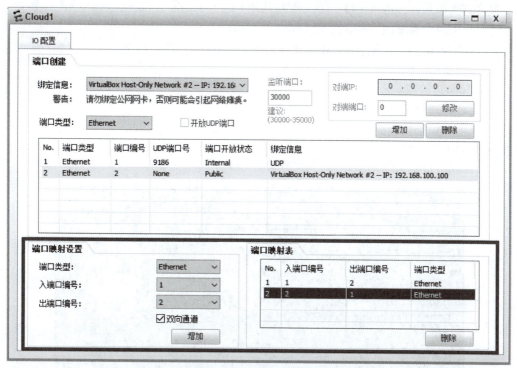

图 3 - 2 - 13 添加端口映射

⑨将 Cloud 的网口连接至 USG6000 防火墙的 GE 0/0/0，如图 3 - 2 - 14 所示。

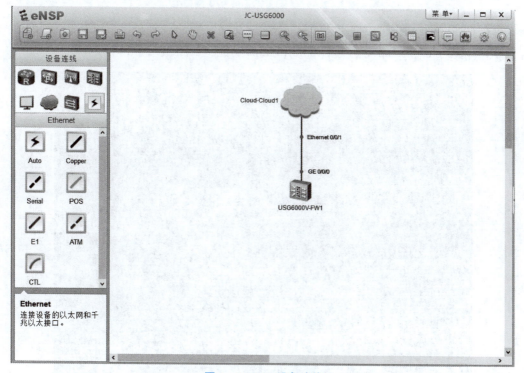

图 3 - 2 - 14 设备连线

⑩将防火墙开启，进入 CLI，防火墙默认用户名“admin”，默认密码“Admin@ 123”，首次进入系统后会要求改密码。

⑪进入防火墙后，首先给 GE 0/0/0 端口配置 IP 地址，代码如下：

```
<USG6000V1 >sy
[USG6000V1]sysname FW1
[FW1] interface GigabitEthernet 0/0/0
[FW1 -GigabitEthernet 0/0/0] ip address 192.168.100.1 24
[FW1 -GigabitEthernet 0/0/0] display this
```

配置完成后可以看到如图 3 –2 –15 所示的 CLI 界面。

```
[FW1]
[FW1]inter
[FW1]interface g
[FW1]interface GigabitEthernet 0/0/0
[FW1-GigabitEthernet0/0/0]ip a
[FW1-GigabitEthernet0/0/0]ip address 192.168.100.1 24
[FW1-GigabitEthernet0/0/0]
Aug 17 2022 08:16:38 FW1 DS/4/DATASYNC_CFGCHANGE:OID 1.3.6.1.4.1.2011.5.25.191.3
.1 configurations have been changed. The current change number is 2, the change
loop count is 0, and the maximum number of records is 4095.
[FW1-GigabitEthernet0/0/0]display this
2022-08-17 08:16:50.090
#
interface GigabitEthernet0/0/0
 undo shutdown
 ip binding vpn-instance default
 ip address 192.168.100.1 255.255.255.0
 alias GE0/METH
#
return
[FW1-GigabitEthernet0/0/0]
```

图 3 –2 –15　配置 GE 0/ 0/0 端口 IP

⑫在 GE 0/0/0 端口可以通过“service – manage ?”功能查看端口可以开放的功能，包含 http、https、ping、snmp 等，开启 ping 和 https 功能，如图 3 –2 –16 所示。

```
[FW1-GigabitEthernet0/0/0]ser
[FW1-GigabitEthernet0/0/0]service-m
[FW1-GigabitEthernet0/0/0]service-manage ?
  all      ALL service
  enable   Service manage switch on/off
  http     HTTP service
  https    HTTPS service
  ping     Ping service
  snmp     SNMP service
  ssh      SSH service
  telnet   Telnet service

[FW1-GigabitEthernet0/0/0]service-manage
[FW1-GigabitEthernet0/0/0]service-manage p
[FW1-GigabitEthernet0/0/0]service-manage ping p
[FW1-GigabitEthernet0/0/0]service-manage ping permit
[FW1-GigabitEthernet0/0/0]
[FW1-GigabitEthernet0/0/0]service-manage
Aug 17 2022 08:17:38 FW1 DS/4/DATASYNC_CFGCHANGE:OID 1.3.6.1.4.1.2011.5.25.191.3
.1 configurations have been changed. The current change number is 3, the change
loop count is 0, and the maximum number of records is 4095.
[FW1-GigabitEthernet0/0/0]service-manage https p
[FW1-GigabitEthernet0/0/0]service-manage https permit
[FW1-GigabitEthernet0/0/0]
Aug 17 2022 08:17:48 FW1 DS/4/DATASYNC_CFGCHANGE:OID 1.3.6.1.4.1.2011.5.25.191.3
.1 configurations have been changed. The current change number is 4, the change
loop count is 0, and the maximum number of records is 4095.
[FW1-GigabitEthernet0/0/0]
```

图 3 –2 –16　配置服务

⑬在 Web 浏览器中登录"https://192.168.100.1:8443"，可以看到提示"不安全"，单击"继续访问"按钮就可进入到防火墙登录界面，如图 3 – 2 – 17 所示。

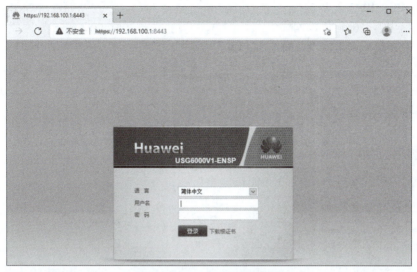

图 3 – 2 – 17　防火墙登录界面

⑭输入用户名、密码即可登录防火墙 Web 管理平台。

3.2.5　在防火墙中配置安全策略

①在 eNSP 中，添加三台 PC，分别作为"DMZ 区""信任区""非信任区"的设备代表，分别连接至防火墙的 GE 1/0/1、GE 1/0/2、GE 1/0/3，如图 3 – 2 – 18 所示。

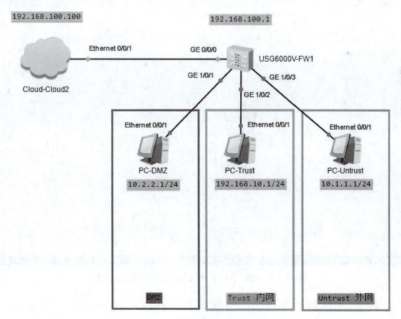

图 3 – 2 – 18　模拟各个安全区设备

②配置三台 PC 的 IP 与子网掩码如下：

信任区 PC：192. 168. 10. 1/24

DMZ 区 PC：10. 2. 2. 1/24

非信任区 PC：10. 1. 1. 1/24

启动三台 PC，如图 3 – 2 – 19 所示。

图 3 – 2 – 19　配置各区域 PC 的 IP 与掩码

③在防火墙 Web 页面单击"网络"选项卡，可以查看当前网络端口状态，如图 3 – 2 – 20 所示。

图 3 – 2 – 20　Web 页面查看网络端口状态

④在防火墙的安全区域配置中已经有默认的"Trust""Untrust""DMZ"区域，单击每个端口的"安全区域"设置相对应的区域，如图 3 – 2 – 21 所示。

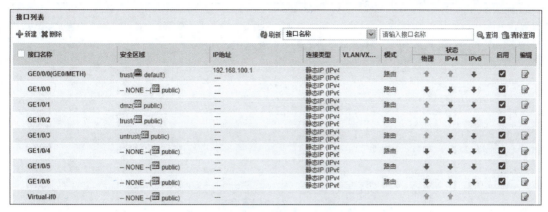

图 3 – 2 – 21　配置端口的安全区域

⑤由于防火墙工作在三层状态，需要给三个 GE 端口分别配置 IP，单击最右侧"编辑"按钮进行修改，如图 3 – 2 – 22 所示。

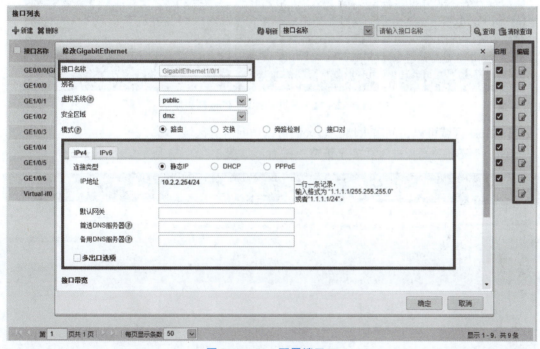

图 3 – 2 – 22　配置端口 IP

⑥除了 IP 还可以修改访问管理，此处将"Trust"和"DMZ"端口的 Ping 功能权限开放，最终修改后如图 3 – 2 – 23 所示。

⑦通过三台 PC 分别 Ping 防火墙对应端口，检测配置效果，如图 3 – 2 – 24 所示。"Trust"和"DMZ"端口可以 Ping 通，"Untrust"端口不通。

⑧配置安全策略，具体要求如下：

a. Trust 区域可以访问 DMZ 区域。

b. Trust 区域可以访问 Untrust 区域。

c. Untrust 区域可以访问 DMZ 区域。

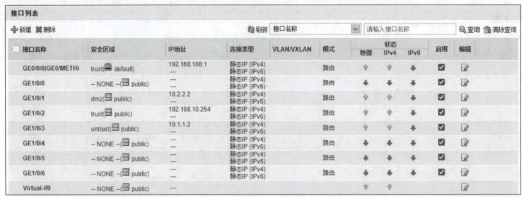

图 3 – 2 – 23　配置完成

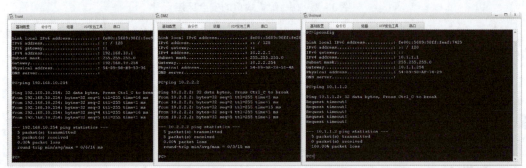

图 3 – 2 – 24　通过三台 PC Ping 防火墙

d. Trust 区域可以访问防火墙，防火墙可以访问所有区域。

单击"策略"面板进入"安全策略"配置，如图 3 – 2 – 25 所示。

图 3 – 2 – 25　安全策略

⑨新建安全策略，按照本实验的要求，需要填写策略“名称”“源安全区域”“目的安全区域”“动作”，填写完成后单击“确定”按钮，如图3－2－26所示。

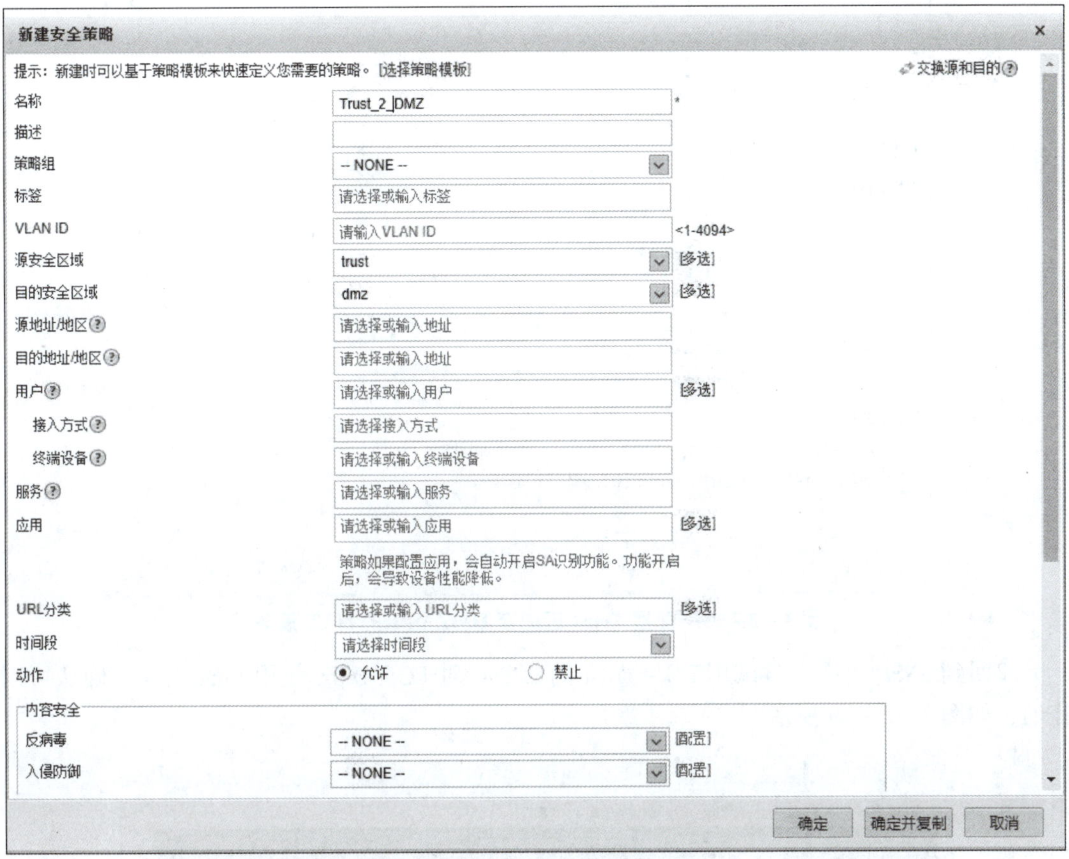

图3－2－26　新增安全策略

⑩添加完成所有安全策略如图3－2－27所示。

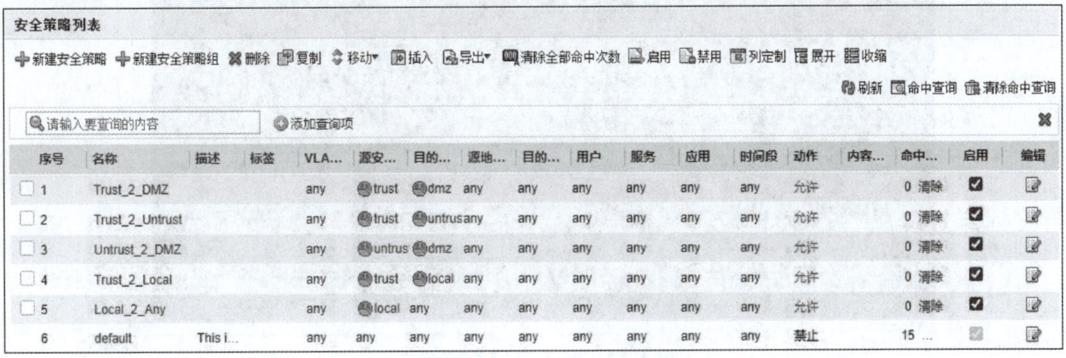

序号	名称	描述	标签	VLA...	源安...	目的...	源地...	目的...	用户	服务	应用	时间段	动作	内容...	命中...	启用	编辑
1	Trust_2_DMZ			any	trust	dmz	any	any	any	any	any	any	允许		0 清除	☑	
2	Trust_2_Untrust			any	trust	untrus	any	any	any	any	any	any	允许		0 清除	☑	
3	Untrust_2_DMZ			any	untrus	dmz	any	any	any	any	any	any	允许		0 清除	☑	
4	Trust_2_Local			any	trust	local	any	any	any	any	any	any	允许		0 清除	☑	
5	Local_2_Any			any	local	any	any	any	any	any	any	any	允许		0 清除	☑	
6	default	This i...		any	any	any	any	any	any	any	any	any	禁止		15 ...		

图3－2－27　所有安全策略

⑪由于需要使Trust区域可以访问DMZ区域，需要添加路由规则，在“策略”面板单击“NAT”策略，添加该策略，如图3－2－28所示。

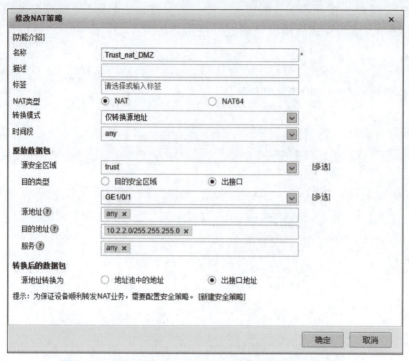

图 3 – 2 – 28　配置 Trust 区域至 DMZ 区域的 NAT 策略

⑫回到 eNSP 界面，尝试用 PC – Trust 的命令行对 PC – DMZ 使用 Ping 指令，确认可以连通，如图 3 – 2 – 29 所示。

图 3 – 2 – 29　测试连接状态

任 务 评 价

任务评价如表 3 – 2 – 1 所示，总结反思如表 3 – 2 – 2 所示。

表 3 - 2 - 1 任务评价

评价类型	赋分	序号	具体指标	分值	得分		
					自评	组评	师评
职业能力	70	1	正确添加#2 网卡	10			
		2	在 eNSP 中部署防火墙并连接 Cloud	10			
		3	通过 CLI 配置防火墙并登录 Web	10			
		4	添加 3 台 PC 并配置网络设置	10			
		5	配置防火墙端口的安全区域	10			
		6	配置防火墙安全策略	10			
		7	配置防火墙 NAT 策略	10			
职业素养	20	1	坚持出勤，遵守纪律	5			
		2	协作互助，解决难点	5			
		3	按照标准规范操作	5			
		4	持续改进优化	5			
劳动素养	10	1	按时完成，认真记录	5			
		2	保持工位卫生、整洁、有序	5			

表 3 - 2 - 2 总结反思

总结反思	
目标达成：知识□□□□□ 能力□□□□□ 素养□□□□□	
学习收获：	教师寄语：
问题反思：	签字：

课后任务

1）回答与讨论

①阐述防火墙的类型，讨论不同类型使用的检测技术。

②讨论防火墙的不同部署方式分别适合怎样的网络环境。

③通过查询资料，讨论近年来网络安全形势及如何增强网络安全意识。

2）巩固与提高

在任务实施中，通过 CLI 与 Web 两种方式对防火墙进行了设置，达到了预定的实验效果。在实际应用中，会遇到需要完全使用 CLI 进行配置的情况，同学们可以尝试全程使用 CLI 代码进行配置，命令参考文件可以在华为企业业务技术支持页面（https：//support. huawei. com/enterprise/zh/index. html）获得。

工作任务单

《工业互联网安全与应用》工作任务单

工作任务			
小组名称		工作成员	
工作时间		完成总时长	
工作任务描述			

小组分工	姓名	工作任务	

任务执行结果记录			
序号	工作内容	完成情况	操作员
1			
2			
3			
4			

任务实施过程记录			
上级验收评定		验收人签名	

任务 3.3　防火墙双机热备技术

学习目标

（1）了解防火墙双机热备技术来源。
（2）了解常见的双机热备原理。
（3）学习防火墙双机热备时系统连接的方式。
（4）在 eNSP 中模拟配置防火墙双机热备。
（5）配置双机热备，自主学习相关知识，培养攻坚克难的职业素养。

任务要求

（1）了解防火墙双机热备技术的原理。
（2）了解 VRRP、VGMP、HRP 的原理。
（3）了解防火墙双机热备的备份方式。
（4）在 eNSP 中模拟部署防火墙双机热备。

知识准备

3.3.1　双机热备技术的产生

传统的组网方式，内部用户和外部用户的交互报文全部通过单一防火墙。如果单一防火墙出现故障，内部网络中所有以单一防火墙作为默认网关的主机与外部网络之间的通信将中断，通信可靠性无法保证。

双机热备技术的出现改变了可靠性难以保证的尴尬状态，通过在网络出口位置部署两台防火墙，保证了内部网络与外部网络之间的通信畅通。

防火墙作为安全设备，一般会部署在需要保护的网络和不受保护的网络之间，即位于业务接口点上。在这种业务点上，如果仅仅使用一台防火墙设备，无论其可靠性多高，系统都可能会承受因为单点故障而导致网络中断的风险。为了防止一台设备出现意外故障而导致网络业务中断，可以采用两台防火墙形成双机备份。

3.3.2　VRRP、VGMP 与 HRP 原理

1）VRRP 基本原理

虚拟路由冗余协议（Virtual Router Redundancy Protocol，VRRP）是一种用于提高网络可靠性的容错协议。通过 VRRP，可以在主机的下一跳设备出现故障时，及时将业务切换到备份设备，从而保障网络通信的连续性和可靠性。

VRRP 将多台设备组成一个虚拟设备，通过配置虚拟设备的 IP 地址为缺省网关，实现

缺省网关的备份。当网关设备发生故障时，VRRP 机制能够选举新的网关设备承担数据流量，从而保障网络的可靠通信。如图 3 - 3 - 1 所示，当 Master 设备故障时，发往缺省网关的流量将由 Backup 设备进行转发。

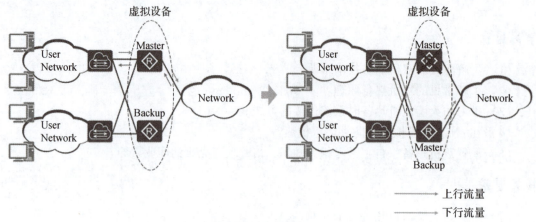

图 3 - 3 - 1　VRRP 典型案例

VRRP 协议中定义了三种状态机：初始状态（Initialize）、活动状态（Master）、备份状态（Backup）。其中，只有处于 Master 状态的设备才可以转发那些发送到虚拟 IP 地址的报文。

如图 3 - 3 - 2 所示，路由器 A、B、C 通过配置 VRRP 组成一个虚拟路由器。虚拟路由器的 IP 地址为路由器 A 的 IP 地址，因此路由器 A 为 Master 设备，路由器 B、C 为 Backup 设备。Client 1 ~ 3 的默认网关为 10.10.0.1。作为 Master 设备，路由器 A 处理着 Client 1 ~ 3 发往默认网关 10.10.0.1 的报文。

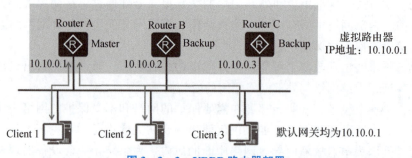

图 3 - 3 - 2　VRRP 路由器部署

当 Master 设备出现故障时，路由器 B 和路由器 C 会选举出新的 Master 设备。新的 Master 设备开始响应对虚拟 IP 地址的 ARP 响应，并定期发送 VRRP 通告报文，如图 3 - 3 - 3 所示。

在 VRRP 运行过程中，主路由器通过组播方式定期向备份路由器发送通告报文（HELLO），备份路由器则负责监听通告报文，以此来确定其状态。由于 VRRP HELLO 报文为组播报文，所以要求备份组中的各路由器通过二层设备相连，即启用 VRRP 时上下行设备必须具有二层交换功能，否则备份路由器无法收到主路由器发送的 HELLO 报文。如果组网条件不满足，则不能使用 VRRP。

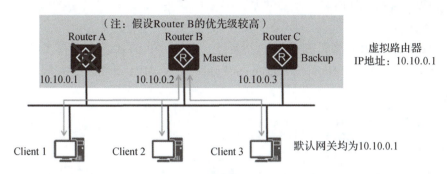

图 3 – 3 – 3　VRRP 路由器部署响应

当防火墙上多个区域需要提供双机备份功能时，需要在一台防火墙上配置多个 VRRP 备份组。

由于 USG 防火墙是状态防火墙，它要求报文的来回路径通过同一台防火墙。为了满足这个限制条件，就要求在同一台防火墙上的所有 VRRP 备份组状态保持一致，即需要保证在主防火墙上所有 VRRP 备份组都是活动状态，这样所有报文都将从此防火墙上通过，而另外一台防火墙则充当备份设备，如图 3 – 3 – 4 所示。

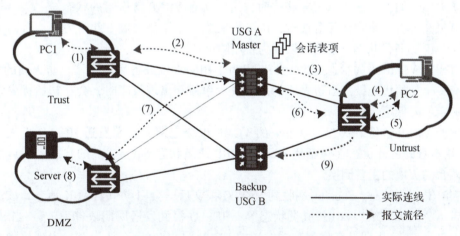

图 3 – 3 – 4　VRRP 应用于 USG 防火墙

但由于路由器与防火墙的报文的转发机制不同，会导致主、备用防火墙 VRRP 状态不一致性时会话中断，具体解析如下：

①假设 USG A 和 USG B 的 VRRP 状态一致，即 USG A 的所有接口均为活动状态，USG B 的所有接口均为备份状态。此时，Trust 区域的 PC1 访问 Untrust 区域的 PC2，报文的转发路线为（1）—（2）—（3）—（4）。USG A 转发访问报文时，动态生成会话表项。当 PC2 的返回报文经过（4）—（3）到达 USG A 时，由于能够命中会话表项，才能再经过（2）—（1）到达 PC1，顺利返回。同理，PC2 和 DMZ 区域的 Server 也能互访。

②假设 USG A 和 USG B 的 VRRP 状态不一致，例如，当 USG B 与 Trust 区域相连的接口为备份状态，但与 Untrust 区域的接口为活动状态。PC1 的报文通过 USG A 设备到达 PC2 后，在 USG A 上动态生成会话表项。PC2 的返回报文通过路线（4）—（9）返回。此时由于

USG B 上没有相应数据流的会话表项，在没有其他报文过滤规则允许通过的情况下，USG B 将丢弃该报文，导致会话中断。

2）VGMP 基本原理

为了保证所有 VRRP 备份组切换的一致性，在 VRRP 的基础上进行了扩展，推出了 VRRP 组管理协议（VRRP Group Management Protocol，VGMP）来弥补此局限，如图 3 – 3 – 5 所示。

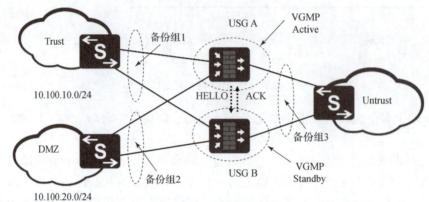

图 3 – 3 – 5　VGMP 部署方式

当防火墙上的 VGMP 为 Active 状态时，组内所有 VRRP 备份组的状态统一为 Active 状态，所有报文都将从该防火墙上通过，该防火墙成为主用防火墙。此时另外一台防火墙上对应的 VGMP 为备份状态，该防火墙成为备用防火墙。

通过指定 VGMP 组的状态来决定谁将成为主用防火墙或备用防火墙。防火墙的 VGMP 优先级有一个初始优先级，当防火墙的接口或者单板等出现故障时，会在初始优先级基础上减去一定的降低值。

组内的 VRRP 备份组状态为 Active 的 VGMP 也会定期向对端发送 HELLO 报文，通知 Standby 端本身的运行状态（包括优先级、VRRP 成员状态等）。成员的状态动态调整，以此完成两台防火墙的主备倒换。

与 VRRP 不同的是，Standby 端收到 HELLO 报文后，会回应一个 ACK 消息，该消息中也会携带本身的优先级、VRRP 成员状态等。HELLO 报文发送周期缺省为 1 s。当 Standby 端三个 HELLO 报文周期没有收到对端发送的 HELLO 报文时，会认为对端出现故障，从而将自己切换到 Active 状态。

3）HRP 基本原理

在双机热备组网中，当主用防火墙出现故障时，所有流量都将切换到备用防火墙。因为 USG 防火墙是状态防火墙，如果备用防火墙上没有原来主用防火墙上的会话表等连接状态数据，则切换到备用防火墙的流量将无法通过防火墙，造成现有的连接中断，此时用户必须重新发起连接。

HRP 模块提供了基础的数据备份机制和传输功能。各个应用模块收集本模块需要备份的数据，提交给 HRP 模块，HRP 模块负责将数据发送到对端防火墙的对应模块，应用模块需要再将 HRP 模块提交上来的数据进行解析，并加入到防火墙的动态运行数据池中，如图 3 – 3 – 6 所示。

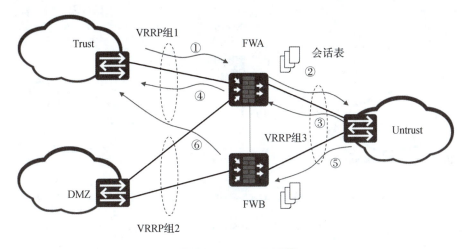

图 3 - 3 - 6   HRP 配置

两台 FW 之间备份的数据是通过心跳口发送和接收的，是通过心跳链路（备份通道）传输的。心跳口必须是状态独立且具有 IP 地址的接口，可以是一个物理接口（GE 接口），也可以是为了增加带宽，由多个物理接口捆绑而成的一个逻辑接口 Eth - Trunk，如图 3 - 3 - 7 所示。

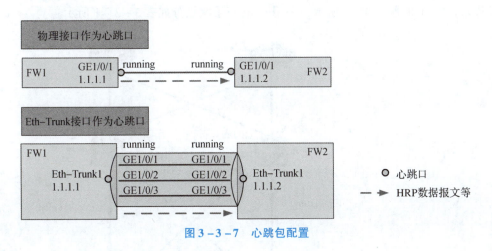

图 3 - 3 - 7   心跳包配置

3.3.3   双机热备方式

双机热备组网最常见的是防火墙采用路由模式，下行交换机双线上连到防火墙，正常情况下防火墙 A 作为主用设备，当防火墙 A 上行或下行链路中断后，防火墙 B 自动切换为主用设备，交换机流量走向防火墙 B。

上下行业务接口工作为三层模式，连接二层设备时，需要在上下行的业务接口上配置 VRRP 备份组，使 VGMP 管理组能够通过 VRRP 备份组监测三层业务接口，如图 3 - 3 - 8 所示。

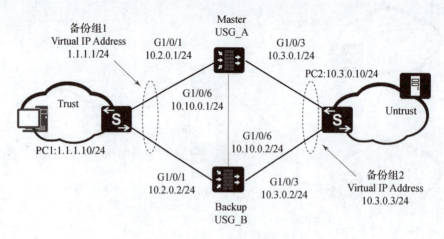

图 3-3-8　双机热备方式

3.3.4　本项目的防火墙架构

本项目中搭建的防火墙为三层部署方式，需要在搭建之前规划好网络的网段与 IP。本项目防火墙架构如图 3-3-9 所示，采用的 IP 与子网划分如表 3-3-1 所示。

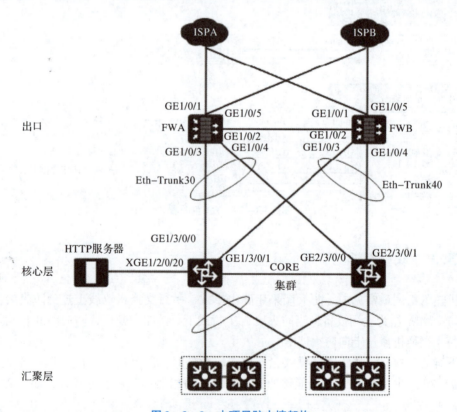

图 3-3-9　本项目防火墙架构

表 3 - 3 - 1   IP 与子网划分

设备	接口编号	成员接口	VLANIF	IP 地址
FWA	GE 1/0/1			192. 0. 2. 1/24
	GE 1/0/5			198. 51. 100. 2/24
	GE 1/0/2			172. 16. 111. 1/24
	Eth – Trunk 30	GE 1/0/3		172. 16. 10. 1/24
		GE 1/0/4		
FWB	GE 1/0/1			192. 0. 2. 2/24
	GE 1/0/5			198. 51. 100. 1/24
	GE 1/0/2			172. 16. 111. 2/24
	Eth – Trunk 40	GE 1/0/3		172. 16. 10. 2/24
		GE 1/0/4		
CORE	XGE 1/2/0/20		VLANIF 50	172. 16. 50. 1/24
	Eth – Trunk 30	GE 1/3/0/0	VLANIF 10	172. 16. 10. 3/24
		GE 2/3/0/0		
	Eth – Trunk 40	GE 1/3/0/1	VLANIF 10	172. 16. 10. 3/24
		GE 2/3/0/1		
HTTP 服务器				172. 16. 50. 10/24

任务实施

3.3.5   部署双机热备实验拓扑

①在 eNSP 中搭建如图 3 – 3 –10 所示的设备拓扑，并连线。

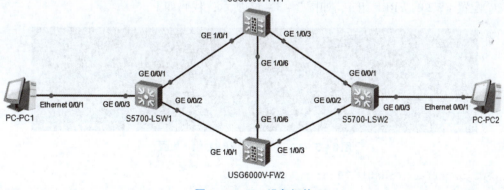

图 3 – 3 –10   设备拓扑

②配置 PC1 的 IP 为 1.1.1.10/24，网关为 1.1.1.254；PC2 的 IP 为 10.3.0.10/24，网关为 10.3.0.254，如图 3-3-11 所示。

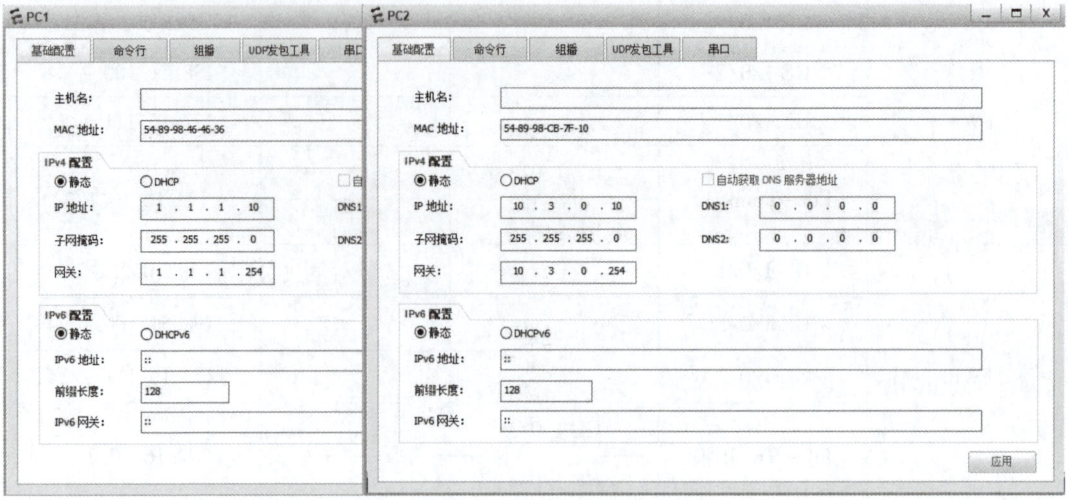

图 3-3-11　配置 PC1、PC2 网络

3.3.6　通过 CLI 配置双机热备

①配置 FW1 的 VRRP 组 1，如图 3-3-12 所示，代码如下。

```
[FW1-GigabitEthernet1/0/1]dis th
2023-12-22 14:49:32.090
#
interface GigabitEthernet1/0/1
 undo shutdown
 ip address 10.2.0.1 255.255.255.0
 vrrp vrid 1 virtual-ip 1.1.1.1 255.255.255.0 active
#
return
```

图 3-3-12　FW1 的 VRRP 组 1 设置

```
[FW1]interface GigabitEthernet 1/0/1
[FW1-GigabitEthernet1/0/1]ip address 10.2.0.1 255.255.255.0
[FW1-GigabitEthernet1/0/1]vrrp vrid 1 virtual-ip 1.1.1.1 255.255.255.0 active
```

②配置 FW2 的 VRRP 组 1，如图 3-3-13 所示，代码如下。

```
[FW2-GigabitEthernet1/0/1]dis th
2023-12-22 14:57:49.290
#
interface GigabitEthernet1/0/1
 undo shutdown
 ip address 10.2.0.2 255.255.255.0
 vrrp vrid 1 virtual-ip 1.1.1.1 255.255.255.0 standby
#
return
```

图 3-3-13　FW2 的 VRRP 组 1 设置

```
[FW2]interface GigabitEthernet 1/0/1
[FW2-GigabitEthernet1/0/1]ip address 10.2.0.2 255.255.255.0
```

［FW2 - GigabitEthernet1 / 0 / 1］vrrp vrid 1 virtual - ip 1.1.1.1 255.255.255.0 standby

③配置 FW1 的 VRRP 组 2，如图 3 - 3 - 14 所示，代码如下。

```
[FW1-GigabitEthernet1/0/3]dis th
2023-12-22 15:02:19.310
#
interface GigabitEthernet1/0/3
 undo shutdown
 ip address 10.3.0.1 255.255.255.0
 vrrp vrid 2 virtual-ip 10.3.0.3 active
#
return
```

图 3 - 3 - 14　FW1 的 VRRP 组 2 设置

［FW1］interface GigabitEthernet 1 / 0 / 3

［FW1 - GigabitEthernet1 / 0 / 3］ip address 10.3.0.1 255.255.255.0

［FW1 - GigabitEthernet1 / 0 / 3］vrrp vrid 2 virtual - ip 10.3.0.3 active

④配置 FW2 的 VRRP 组 2，如图 3 - 3 - 15 所示，代码如下。

```
[FW2-GigabitEthernet1/0/3]dis th
2023-12-22 15:08:18.430
#
interface GigabitEthernet1/0/3
 undo shutdown
 ip address 10.3.0.2 255.255.255.0
 vrrp vrid 2 virtual-ip 10.3.0.3 standby
#
return
```

图 3 - 3 - 15　FW2 的 VRRP 组 2 设置

［FW2］interface GigabitEthernet 1 / 0 / 3

［FW2 - GigabitEthernet1 / 0 / 3］ip address 10.3.0.2 255.255.255.0

［FW2 - GigabitEthernet1 / 0 / 3］vrrp vrid 2 virtual - ip 10.3.0.3 standby

⑤配置 FW1 的 HRP 设置，代码如下。

［FW1］interface GigabitEthernet 1 / 0 / 6

［FW1 - GigabitEthernet1 / 0 / 6］ip address 10.10.0.1 24

［FW1］quit

［FW1］hrp enable

HRP_S［FW1］hrp mirror session enable

HRP_S［FW1］hrp interface GigabitEthernet 1 / 0 / 6 remote 10.10.0.2

⑥配置 FW2 的 HRP 设置，代码如下。

［FW2］interface GigabitEthernet 1 / 0 / 6

［FW2 - GigabitEthernet1 / 0 / 6］ip address 10.10.0.2 24

［FW2］quit

［FW2］hrp enable

HRP_S［FW2］hrp mirror session enable

HRP_S［FW2］hrp interface GigabitEthernet 1 / 0 / 6 remote 10.10.0.1

⑦配置 FW1 的安全区域与安全策略，如图 3 - 3 - 16 所示，代码如下。

HRP_ M［FW1］firewall zone trust HRP_M［FW1 - zone - trust］add interface GigabitEthernet 1 / 0 / 1

```
HRP_M[FW1]display zone
2023-12-22 15:52:00.820
local
 priority is 100
 interface of the zone is (0):
#
trust
 priority is 85
 interface of the zone is (2):
    GigabitEthernet0/0/0
    GigabitEthernet1/0/1
#
untrust
 priority is 5
 interface of the zone is (1):
    GigabitEthernet1/0/3
#
dmz
 priority is 50
 interface of the zone is (1):
    GigabitEthernet1/0/6
#
```

图 3－3－16　配置 FW1 的安全区域与安全策略

```
HRP_M[FW1-zone-trust]quit
HRP_M[FW1]firewall zone untrust
HRP_M[FW1-zone-untrust]add interface GigabitEthernet 1/0/3
HRP_M[FW1-zone-untrust]quit
HRP_M[FW1]firewall zone dmz
HRP_M[FW1-zone-dmz]add interface GigabitEthernet 1/0/6
HRP_M[FW1-zone-dmz]quit
HRP_M[FW1]security-policy
HRP_M[FW1-policy-security]rule name trust_2_untrust
HRP_M[FW1-policy-security-rule-trust_2_untrust]source-zone trust
HRP_M[FW1-policy-security-rule-trust_2_untrust]destination-zone untrust
HRP_M[FW1-policy-security-rule-trust_2_untrust]service icmp
HRP_M[FW1-policy-security-rule-trust_2_untrust]action permit
```

⑧查询处于 VRRP 备份组中的接口状态信息，以 FW1 的备份组 GE1/0/3 为例，如图 3－3－17 所示。

```
HRP_M[FW1]display vrrp interface GigabitEthernet 1/0/3
2023-12-22 15:31:54.470
  GigabitEthernet1/0/3 | Virtual Router 2
    State : Master
    Virtual IP : 10.3.0.3
    Master IP : 10.3.0.1
    PriorityRun : 120
    PriorityConfig : 100
    MasterPriority : 120
    Preempt : YES   Delay Time : 0 s
    TimerRun : 60 s
    TimerConfig : 60 s
    Auth type : NONE
    Virtual MAC : 0000-5e00-0102
    Check TTL : YES
    Config type : vgmp-vrrp
    Backup-forward : disabled
    Create time : 2023-12-22 15:01:14
    Last change time : 2023-12-22 15:23:13
```

图 3－3－17　查看 FW1 的备份组 GE1/0/3 接口状态

⑨查看处于 Master 状态的防火墙的 HRP 状态，如图 3 − 3 − 18 所示。

```
HRP_M[FW1]dis hrp state
2023-12-22 16:40:31.170
 Role: active, peer: standby
 Running priority: 45000, peer: 45000
 Backup channel usage: 0.00%
 Stable time: 0 days, 0 hours, 41 minutes
 Last state change information: 2023-12-22 15:59:21 HRP link changes to up.
```

图 3 − 3 − 18   查看 HRP 状态

3.3.7   通过 Web 查看双机热备

我们已经通过 CLI 配置完成了双机热备，其实 Web 界面也可以进行配置，通过 Web 界面查看一下配置的结果，如图 3 − 3 − 19 所示，单击"系统"→"高可靠性"→"双机热备"可以查看双机热备运行状况，单击左上角"配置"按钮出现如图 3 − 3 − 20 所示的修改双机热备参数界面，可更改参数。

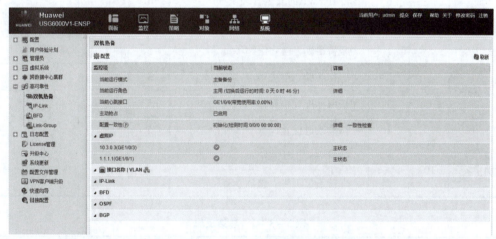

图 3 − 3 − 19   Web 界面的双机热备设置

图 3 − 3 − 20   修改双机热备参数界面

任务评价

任务评价如表 3-3-2 所示，总结反思如表 3-3-3 所示。

表 3-3-2　任务评价

评价类型	赋分	序号	具体指标	分值	得分		
					自评	组评	师评
职业能力	70	1	搭建设备拓扑结构	10			
		2	正确连接网络端口	10			
		3	配置 FW1 的两个 VRRP 组	10			
		4	配置 FW2 的两个 VRRP 组	10			
		5	配置 FW1 与 FW2 的 HRP	10			
		6	配置 FW1 的安全管理设置	10			
		7	在 Web 页面查看设置	10			
职业素养	20	1	坚持出勤，遵守纪律	5			
		2	协作互助，解决难点	5			
		3	按照标准规范操作	5			
		4	持续改进优化	5			
劳动素养	10	1	按时完成，认真记录	5			
		2	保持工位卫生、整洁、有序	5			

表 3-3-3　总结反思

总结反思	
目标达成：知识□□□□□　能力□□□□□　素养□□□□□	
学习收获：	教师寄语：
问题反思：	签字：

课后任务

1）回答与讨论

①理解并复述双机热备的工作原理。

②简述 VRRP、VGMP、HRP 的工作原理和优缺点。

2）巩固与提高

在学习双机热备过程中，我们使用了 CLI 来配置相关参数，在有条件使用 Web 配置的同时也可以使用 Web，同学们可以尝试完整地使用 Web 进行一次防火墙双机热备配置。

工作任务单

《工业互联网安全与应用》工作任务单

工作任务				
小组名称		工作成员		
工作时间		完成总时长		
工作任务描述				
小组分工	姓名	工作任务		
任务执行结果记录				
序号	工作内容		完成情况	操作员
1				
2				
3				
4				
任务实施过程记录				
上级验收评定		验收人签名		

项目 4

区域集中供能系统的工业通信协议配置与安全管理

🌀 项目介绍

在项目 3 中我们学习了业务层面与工业控制层面的安全管控，了解了如何在业务层面网络出口、业务层面与工业控制层面的交界处、工业控制层面内部等位置，利用防火墙、网闸等设备实现安全管控。现在，我们需要将目光放到底层的生产设备上，学习了解它们的通信原理与协议类型。

当完成这部分学习后，就可以了解到数据是怎样从现场设备产出，再经由一个个网络设备、一道道安全关卡，最终传递进入本地数据库与云端数据库，为云端的系统如 MES 系统、数据中台、大数据分析中心等提供服务的。

在本项目中，我们将学习最普遍的工业通信协议 Modbus 协议，包含其 RTU 分支与 TCP 分支；学习 OPC 协议，包含经典 OPC 协议与 OPC UA 统一架构；学习 MQTT 物联网协议，包含服务器与客户端的架设。

🌀 学习要求

（1）通过学习"Modbus 协议的配置与安全管理"，了解使用最广泛的工业协议 Modbus 的发展历史，以及它在 RTU、TCP 的两个分支。从一个协议的发展历程看事物在社会进展中的演化。

（2）通过学习"OPC 协议的配置与安全管理"，了解 OPC 协议提出的目的，学习通用类协议在工业发展中的重要作用与意义。

（3）通过学习"MQTT 协议的配置与安全管理"，了解前沿的物联网技术与通信原理，了解在现代工业的"互联网+"环境中，工业智能化的发展方向，也能从中感悟到我国大力推进工业智能化的目的与意义。

知识图谱

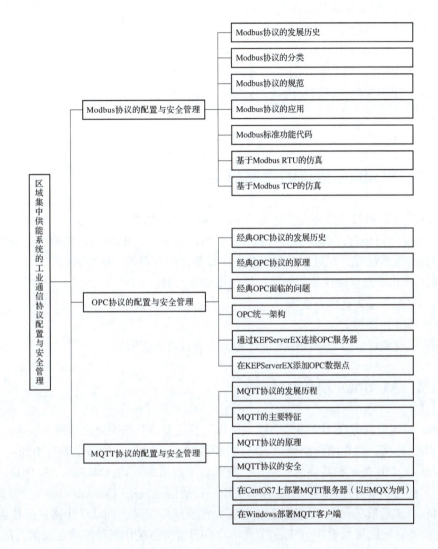

任务 4.1　Modbus 协议的配置与安全管理

学习目标

（1）了解 Modbus 协议的相关知识。

（2）学习 Modbus RTU 协议的原理与协议结构。

（3）学习 Modbus TCP 协议的原理与协议结构。

（4）能够通过仿真软件练习 Modbus RTU 与 Modbus TCP 的配置。

（5）通过 Modbus 的发展历程，了解事物客观发展规律与主观能动性的关系。

任务要求

（1）理解 Modbus 协议的来源与发展。

（2）能够区分 RS232、RS485 与 Modbus 的区别。

（3）了解 Modbus RTU 协议的结构与内容。

（4）了解 Modbus TCP 协议的结构与内容。

（5）能够使用模拟仿真软件测试 Modbus 通信配置。

知识准备

4.1.1　Modbus 协议的发展历史

Modbus 是一种串行通信协议，是 Modicon 公司［现在的施耐德电气（Schneider Electric）］于 1979 年为使用可编程逻辑控制器（PLC）通信而发表的。Modbus 已经成为工业领域通信协议事实上的业界标准，并且现在是工业电子设备之间常用的连接方式。

Modbus 比其他通信协议使用的更广泛的主要原因有：

①公开发表并且无著作权要求。

②易于部署和维护。

③对供应商来说，修改移动本地的比特或字节没有很多限制。

4.1.2　Modbus 协议的分类

Modbus 协议目前存在用于串口、以太网以及其他支持互联网协议的网络版本。

对于串行连接，存在两个变种，它们在数值数据表示和协议细节上略有不同：

①Modbus RTU 是一种紧凑的，采用二进制表示数据的方式，Modbus ASCII 是一种人类可读的、冗长的表示方式。这两个变种都使用串行通信（Serial Communication）方式。

②RTU 格式后续的命令/数据带有循环冗余校验的校验和，而 ASCII 格式采用纵向冗余校验的校验和。被配置为 RTU 变种的节点不会和设置为 ASCII 变种的节点通信，反之亦然。

对于以太网的版本，Modbus TCP 使用 TCP/IP 和以太网在站点间传送 Modbus 报文，Modbus TCP 结合了以太网物理网络和网络标准 TCP/IP 以及以 Modbus 作为应用协议标准的数据表示方法。Modbus TCP 通信报文被封装于以太网 TCP/IP 数据包中。与传统的串口方式不同，Modbus TCP 插入一个标准的 Modbus 报文到 TCP 报文中，不再带有数据校验和地址。

4.1.3　Modbus 协议的规范

Modbus 是通过主从关系实现的请求 – 响应协议。在主从关系中，通信总是成对发生（一个设备必须发起请求，然后等待响应），并且发起请求的设备（主设备）负责发起每次交互。通常，主设备是人机界面（HMI）或者监控和数据采集（SCADA）系统，而从设备是传感器、可编程逻辑控制器（PLC）或可编程自动化控制器（PAC）。这些请求和响应的内容以及发送这些消息的网络层由协议的不同层来定义。

在最初的做法中，Modbus 是建立在串行端口之上的单一协议，因此它不能被分成多个层。随着时间的推移，该协议引入了不同的应用数据单元，来更改串行通信所用的数据包格式，或允许使用 TCP/IP 和用户数据报协议（UDP）网络。这样便实现了核心协议和网络层的分离，前者用于定义协议数据单元（PDU），后者用于定义应用数据单元（ADU）。

1）Modbus RTU 协议数据单元

PDU 及其处理代码构成 Modbus 应用协议规范的核心，如图 4 – 1 – 1 所示。该规范定义了 PDU 的格式、协议使用的各种数据概念、如何使用功能代码访问数据以及每个功能代码的具体实现和限制。Modbus PDU 格式定义为功能代码，后跟一组相关数据。

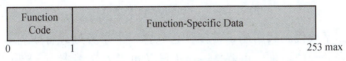

图 4 – 1 – 1 Modbus 协议数据单元 PDU

数据的大小和内容由功能代码定义，整个 PDU（功能代码和数据）的大小不能超过253 字节。每个功能代码都有一个特定的行为，可以由从设备根据所需的应用行为灵活实现。

除了 Modbus 协议的 PDU 核心所定义的功能外，还可以使用多种网络协议。最常见的协议是串行和 TCP/IP，但也可以使用 UDP 等其他协议。为了在这些层之间传输 Modbus 所需的数据，Modbus 包含一组专为每种网络协议量身定制的 ADU。

2）Modbus RTU 应用数据单元

RTU ADU 相对简单，如图 4 – 1 – 2 所示，除了核心 PDU 之外，RTU ADU 仅包含两条信息。首先，地址用于定义 PDU 对应的从设备。在大多数网络中，地址 0 定义的是"广播"地址。也就是说，主设备可以将输出命令发送到地址 0，而所有从设备都应处理该请求，但是不做出任何响应。除了此地址外，CRC 还用于确保数据的完整性。

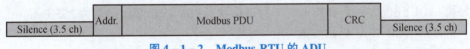

图 4 – 1 – 2 Modbus RTU 的 ADU

3）Modbus ASCII 应用数据单元

如图 4 – 1 – 3 所示，ASCII ADU 比 RTU 更复杂，但也避免了 RTU 数据包的许多问题。然而，它自身也有一些缺点。

0x0A "."	Address (ASCII)	Modbus PDU (ASCII)	LRC (ASCII)	0x0D CR	0x0A LF

图 4 – 1 – 3 Modbus ASCII 的 ADU

为了解决确定数据包大小的问题，ASCII ADU 为每个数据包定义了一个明确且唯一的开始和结束。换言之，每个数据包以 "："开始，并以回车（CR）和换行符（LF）结束。另外，像 NI – VISA 和 . NET Framework Serial Port Class 这样的串行 API 可以轻松读取缓冲区中的数据，直到收到 CR/LF 等特定字符为止。这些特性有助于在现代应用程序代码中有效地处理串行线路上的数据流。

ASCII ADU 的缺点是所有数据都以 ASCII 编码的十六进制字符进行传输。也就是说，设备针对功能码3（0×03）发送的不是单个字节，而是发送 ASCII 字符"0"和"3"或 0×30/0×33。这使得协议更具可读性，但也意味着必须通过串行网络传输两倍的数据，并且发送和接收应用程序必须能够解析 ASCII 值。

4）Modbus TCP 的应用数据单元

TCP ADU 由 Modbus 应用协议（MBAP）报文头和 Modbus PDU 组成。MBAP 是一个通用的报文头，依赖于可靠的网络层。此 ADU 的格式（包括报文头）如图4-1-4所示。

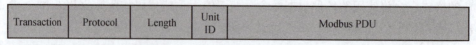

Transaction	Protocol	Length	Unit ID	Modbus PDU

图 4-1-4　Modbus TCP 的 ADU

报文头的数据字段代表其用途。首先，它包含一个事务处理标识符。这有助于网络允许同时发生多个未处理的请求。也就是说，主设备可以发送请求1、2 和3。在稍后的时间点，从设备能以2、1、3 的顺序进行响应，并且主设备可以将请求匹配到响应并准确解析数据。这对于以太网网络来说很有用。

协议标识符通常为零，但可以使用它来扩展协议的行为。协议使用长度字段来描述数据包其余部分的长度。此元素的位置也表明了这个报文头格式在可靠网络层上的依赖关系。由于 TCP 数据包具有内置的错误检查功能，并可确保数据一致性和传递，因此数据包长度可位于报文头的任何位置。在可靠性较差的网络上（如串行网络），数据包可能会丢失，其影响是即使应用程序读取的数据流包含有效的事务处理和协议信息，长度信息的损坏也会使报文头无效。TCP 为这种情况提供了适当的保护。

TCP/IP 设备通常不使用单元 ID。但是，Modbus 是一种常见的协议，因此通常会开发许多网关来将 Modbus 协议转换为其他协议。在最初的预期应用中，Modbus TCP/IP 转串行网关用于连接新的 TCP/IP 网络与旧的串行网络。在这种环境中，单元 ID 用于确定 PDU 实际对应的从设备的地址。

最后，ADU 还包含一个 PDU。对于标准协议，PDU 的长度仍限制为 253 Byte。

5）Modbus TCP 对 ADU 的修改

应用程序可以选择修改 ADU，或使用现有 ADU 的未使用部分（如 TCP）。例如，TCP 定义了一个16位长度字段、一个16位协议和一个8位单元 ID。鉴于最大的 Modbus PDU 是 253 Byte，长度字段的高字节始终为零。对于 Modbus/TCP，协议字段和单元 ID 始终为零。有一种简单的协议扩展方式是，通过将协议字段更改为非零数字并使用两个未使用的字节（单元 ID 和长度字段的高字节），发送两个附加 PDU 的长度，从而同时发送三个数据包，如图4-1-5所示。

Transaction	Protocol	Length		Unit ID	PDU 1	PDU 2	PDU 2
N	1	8	5	20			

8 Byte　　5 Byte　　20 Byte

图 4-1-5　Modbus TCP 对 ADU 的修改

4.1.4 Modbus 协议的应用

工业通信协议
Modbus RTU

1）基于 RS232 的 Modbus RTU

在 RS232 标准中，字符是以一串行的位串来一个接一个地串列（Serial）传输的，优点是传输线少，配线简单，发送距离较远，如图 4-1-6 所示。

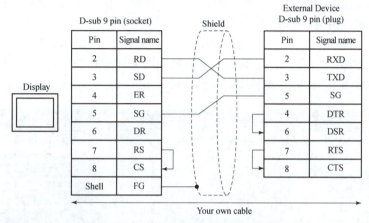

图 4-1-6 基于 RS232 的 Modbus RTU

RS232 规定接近零的电平是无效的，逻辑"1"规定为负电平，有效负电平的信号状态称为 Marking，它的功能意义为 OFF；逻辑"0"规定为正电平，有效正电平的信号状态称为 Spacing，它的功能意义为 ON。电平有效范围为 ±3~±15 V。根据设备供电电源的不同，±5 V、±10 V、±12 V 和 ±15 V 这样的电平都是可能的。

2）基于 RS485 的 Modbus RTU

RS485 目前名称为 EIA-485，是隶属于 OSI 模型物理层的电气特性规定为 2 线、半双工、平衡传输线多点通信的标准，如图 4-1-7 所示。

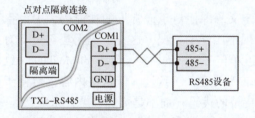

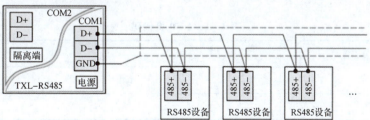

图 4-1-7 基于 EIA-485 的 Modbus RTU

EIA – 485 的电气特性和 RS232 不一样。EIA – 485 使用缆线两端的电压差值来表示传递信号，不同的电压差分别标识为逻辑 1 及逻辑 0。两端的电压差最小为 0.2 V 以上时有效，任何不大于 12 V 或者不小于 – 7 V 的差值对接收端都被认为是正确的。

3）基于以太网的 Modbus TCP

在逻辑上 Modbus TCP 是在 TCP 层上的。在发送数据时，Modbus TCP 的应用数据单元首先向下传送给传输层，加上 TCP 协议的报文；再传送给网络层，加上 IP 协议的报文；再向下传送给数据链路层及物理层；接收的过程正好相反，从物理层一层一层地去掉相应层的报文，最终到达应用层，如图 1 – 1 – 8 所示。

所以在使用 Modbus TCP 进行数据传输时，是要配合 TCP/IP 协议来使用的。使用计算机编程，就要用到 Socket 技术；如果是使用 PLC 编程，通常厂家已经把底层通信封装成库指令了，可直接调用。Modbus TCP 使用的端口号是 502，需要为 Modbus TCP 预留。

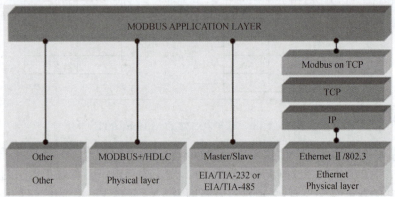

图 4 – 1 – 8　Modbus TCP 传输过程

工业通讯协议
Modbus TCP

4.1.5　Modbus 标准功能代码

规范中列出了每个标准功能码的定义。即使对于最常见的功能码，主设备上启用的功能与从设备可处理的功能之间也会出现不匹配的情况，这种情况无法避免。为了解决这个问题，Modbus TCP 规范的早期版本定义了三个一致性类。官方的 Modbus 一致性测试规范虽未引用这些类，而是在每个功能的基础上定义一致性，但这些内容仍然便于理解。建议任何文档都遵循测试规范，并根据所支持的代码（而不是传统分类）来定义其一致性。

①0 类代码通常被认为是有效 Modbus 设备的最低配置，因为此类代码可使主设备能够读取或写入数据模型，如表 4 – 1 – 1 所示。

表 4 – 1 – 1　0 类代码

代码	说明
3	读取多寄存器
16	写入多寄存器

②1 类功能码由访问所有类型的数据模型所需的其他代码组成。在原始定义中，此列表包含功能码 7（读取异常）。但是，当前规范规定此代码为仅限于串行的代码，如表 4 - 1 - 2 所示。

表 4 - 1 - 2　1 类代码

代码	说明
1	读取线圈
2	读取离散量输入
4	读取输入寄存器
5	写入单个线圈
6	写入单个寄存器
7	读取异常状态（仅限串行）

③2 类功能码表示不太常用但更为专业化的功能。例如，读取/写入多个寄存器可能有助于减少请求 - 响应周期的总数，但该行为仍可用 0 类代码实现，如表 4 - 1 - 3 所示。

表 4 - 1 - 3　2 类代码

代码	说明
15	写入多个线圈
20	读取文件记录
21	写入文件记录
22	屏蔽写入寄存器
23	读取/写入多个寄存器
24	读取 FIFO

任务实施

通过软件测试
Modbus RTU

4.1.6　基于 Modbus RTU 的仿真

①打开计算机的"设备管理器"，单击"端口"查看现有的计算机端口，如图 4 - 1 - 9 所示。

②打开 VSPD（Virtual Serial Port Driver）软件，该软件用于虚拟串口并将相关串口连接，如图 4 - 1 - 10 所示。

③在右侧"Manage ports"页面选择 COM2、COM3（实际按需选择两个端口），单击"Add pair"按钮创建两个虚拟端口并连接，如图 4 - 1 - 11 所示。

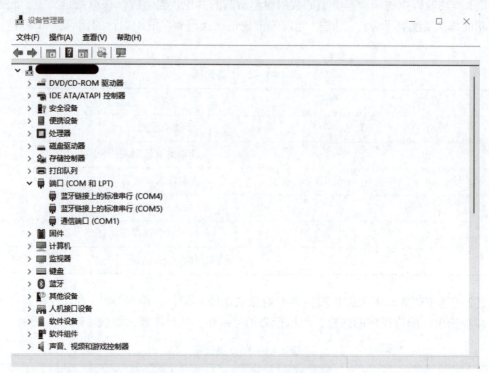

图4-1-9　打开"设备管理器"

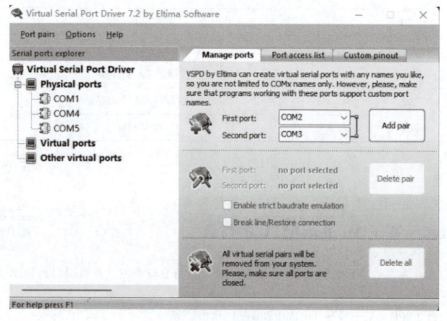

图4-1-10　打开 VSPD 软件

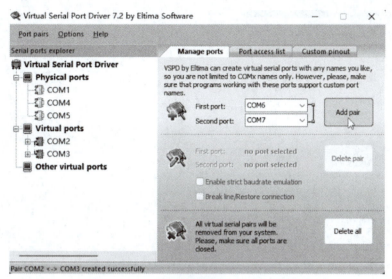

图 4 – 1 – 11　添加 COM2、COM3 端口

④单击左侧"＋"号，打开两个串口查看信息，显示均为关闭端口状态，如图 4 – 1 – 12 所示。

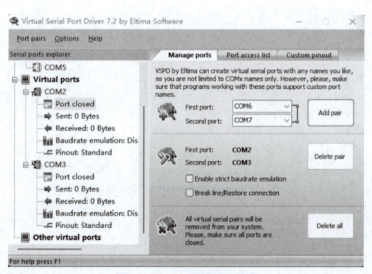

图 4 – 1 – 12　查看端口信息

⑤打开 MODSIM32 软件，新建一个项目，如图 4 – 1 – 13 所示。

⑥最大化项目窗口，并按图 4 – 1 – 14 所示修改参数，如图 4 – 1 – 14 所示。

⑦给寄存器赋予一些数据，可以是固定值，也可以是自动模拟的随机值，如图 4 – 1 – 15 所示。

⑧单击"连接设置"→"连接"→"端口 2"，将模拟数据从端口 2 发出，如图 4 – 1 – 16 所示。

⑨设置连接参数，如图 4 – 1 – 17 所示，单击"确认"按钮。

⑩此时可以从 VSPD 看到端口 2 已连接，如图 4 – 1 – 18 所示。

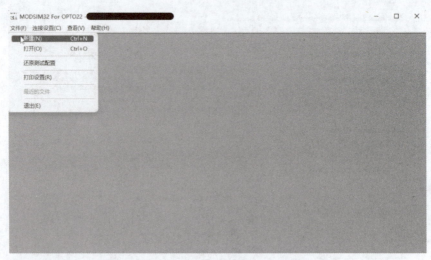

图 4 – 1 – 13　打开 MODSIM 软件并新建项目

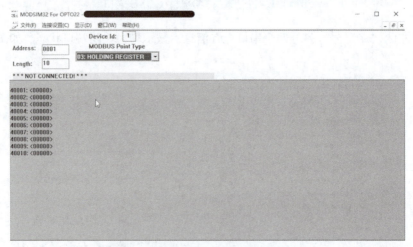

图 4 – 1 – 14　修改 MODSIM32 参数

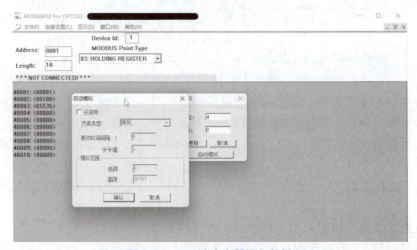

图 4 – 1 – 15　为寄存器添加数据

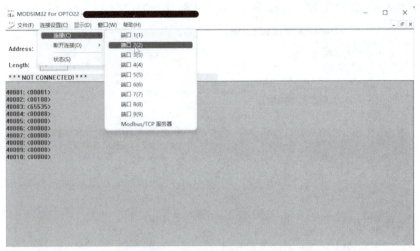

图 4 - 1 - 16　连接端口 2

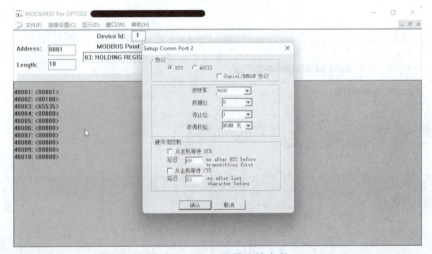

图 4 - 1 - 17　配置连接参数

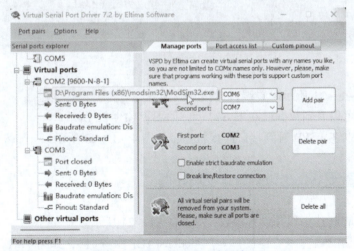

图 4 - 1 - 18　在 VSPD 验证端口 2

⑪在 MODSCAN 新建工程，并按图 4 – 1 – 19 配置参数。

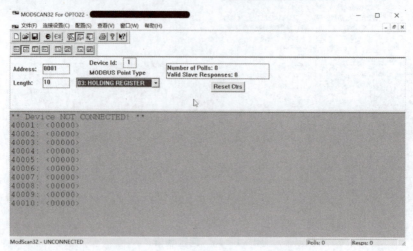

图 4 – 1 – 19   配置 MODSCAN 参数

⑫单击"连接设置"→"连接"，打开端口连接设置，如图 4 – 1 – 20 所示。

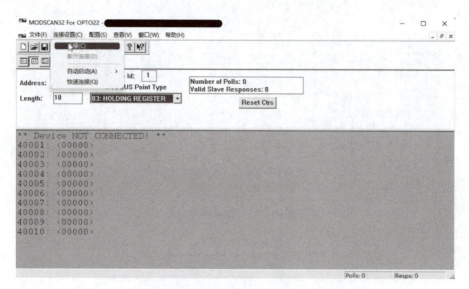

图 4 – 1 – 20   打开连接

⑬按如图 4 – 1 – 21 所示配置端口连接参数。

⑭连接后就可以看到数据已在下方显示，如图 4 – 1 – 22 所示。

⑮同时也可以在 VSPD 看到端口连接状态，如图 4 – 1 – 23 所示。

4.1.7 基于 Modbus TCP 的仿真

①在 MODSIM 新建工程并设置参数，如图 4 – 1 – 24 所示。

②单击"连接设置"→"连接"→"Modbus/TCP 服务器"，如图 4 – 1 – 25 所示。

通过软件测试
Modbus TCP

图 4 - 1 - 21　配置连接参数

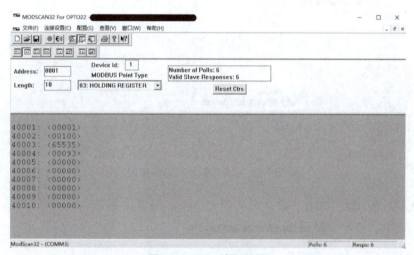

图 4 - 1 - 22　读取数据

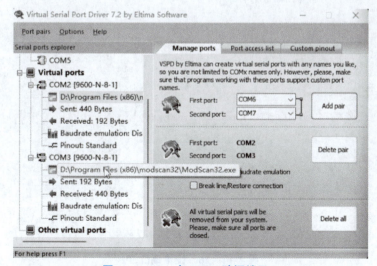

图 4 - 1 - 23　在 VSPD 验证端口 3

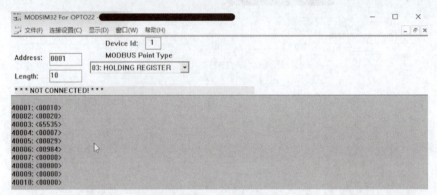

图 4 - 1 - 24   设置数据参数

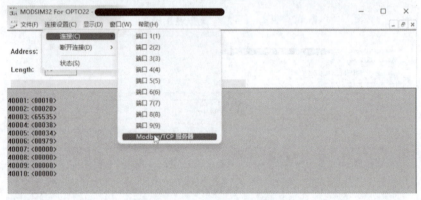

图 4 - 1 - 25   连接 TCP 服务器

③默认端口为 502，单击"确认"按钮，如图 4 - 1 - 26 所示。

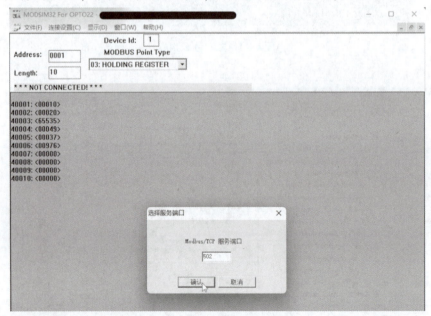

图 4 - 1 - 26   设置端口 502

④在 MODSCAN 新建工程并配置参数，如图 4 – 1 – 27 所示。

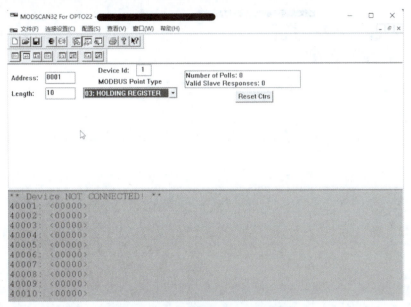

图 4 – 1 – 27　配置 MODSCAN 参数

⑤单击"连接设置"→"连接"，配置相关参数，其中 IP Address 填写本机 IP 地址，如图 4 – 1 – 28 所示。

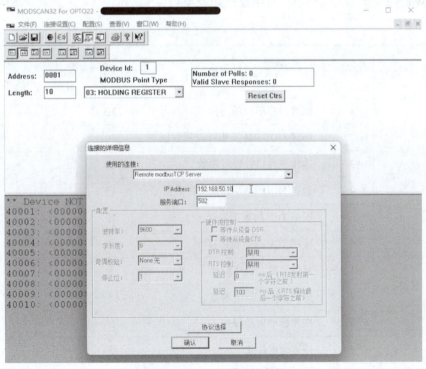

图 4 – 1 – 28　配置连接参数

⑥连接后可以在下方看到数据刷新,如图 4 – 1 – 29 所示。

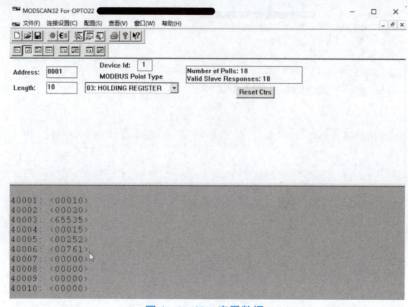

图 4 – 1 – 29　查看数据

任务评价

任务评价如表 4 – 1 – 4 所示,总结反思如表 4 – 1 – 5 所示。

表 4 – 1 – 4　任务评价

评价类型	赋分	序号	具体指标	分值	得分		
					自评	组评	师评
职业能力	70	1	配置虚拟串口的连接	10			
		2	新建 MODSIM 工程并设置数据	10			
		3	连接至端口并设置参数	15			
		4	通过 MODSCAN 读取串口数据	15			
		5	模拟 TCP 的数据发送	10			
		6	使用 TCP 进行数据接收	10			
职业素养	20	1	坚持出勤,遵守纪律	5			
		2	协作互助,解决难点	5			
		3	按照标准规范操作	5			
		4	持续改进优化	5			
劳动素养	10	1	按时完成,认真记录	5			
		2	保持工位卫生、整洁、有序	5			

表 4 – 1 – 5　总结反思

总结反思	
目标达成：知识□□□□□　能力□□□□□　素养□□□□□	
学习收获：	教师寄语：
问题反思：	签字：

课后任务

1）回答与讨论

①理解并复述 Modbus RTU、Modbus TCP 原理。

②熟悉 RS232、EIA485 的连接方式，并能区别连接方式与协议类型。

③讨论常见的 Modbus 协议使用场景。

2）巩固与提高

通过以上任务，同学们已经体验了 Modbus RTU 协议和 Modbus TCP 协议的配置和使用过程，MODSIM 和 MODSCAN 作为常用的 Modbus 调试工具，在实际生产中也常用到，同学们可以利用这个工具尝试获取实际生产设备的数据，通常获取数据前需要查看手册资料以明确不同寄存器对应的参数内容。

工作任务单

《工业互联网安全与应用》工作任务单

工作任务				
小组名称		工作成员		
工作时间		完成总时长		
工作任务描述				
小组分工	姓名	工作任务		
任务执行结果记录				
序号	工作内容		完成情况	操作员
1				
2				
3				
4				
任务实施过程记录				
上级验收评定		验收人签名		

任务 4.2　OPC 协议的配置与安全管理

学习目标

（1）了解经典 OPC 协议相关知识。

（2）了解 OPC UA 的相关知识。

（3）了解 OPC 常见应用程序。

（4）通过 OPC 的迭代，体验事物在对立统一中发展的原理。

任务要求

（1）了解 OPC 协议的起源与发展历史。

（2）了解 OPC 如何向 UA 发展。

（3）能够区分 OPC UA 与传统 OPC DA、HAD 等协议。

（4）了解 OPC 常见应用程序。

知识准备

4.2.1　经典 OPC 协议的发展历史

工业网络环境中有多种数据源（PLC、DCS、RTU、数据库等），多种传输媒介（以太网、串口通信、无线通信等），多种过程控制软件部署环境（Windows、Linux、UNIX 等），为了能存取现场设备的数据信息，每一个应用软件开发商都需要编写专用的接口函数。由于市场上工业控制设备的品牌、型号、种类多种多样，给产品开发商的开发工作和企业用户的使用都带来了很大的负担，而且特定应用的驱动程序不支持硬件变化的特点也给工业控制软硬件的升级和维护带来不便。

另外，同一时间两个客户应用一般不能对同一个设备进行数据通信，同时对同一个设备进行操作可能会引起存取冲突甚至导致系统崩溃。在这样的市场需求推动下，设备的开发商和系统集成厂商都希望有一种更加高效、统一的规范，使系统和设备之间的通信更加开放和方便。OPC 作为工业过程控制软件的接口标准由此产生。

用于过程控制的 OLE（OLE for Process Control，OPC）是自动化行业用于数据安全交换的互操作性标准，可以使多个厂商的设备之间无缝传输信息。

OPC 标准于 1996 年由 OPC 基金会首次发布，其目的是把 PLC 特定的协议（如 Modbus、Profibus 等）抽象成为标准化接口，作为"中间人"的角色把其通用的"读""写"要求转换成具体的设备协议；反之，便于 HMI/SCADA 系统对接控制设备。

4.2.2　经典 OPC 协议的原理

OPC 技术包括多个标准，这些标准描述了用于特定目的的一组功能，如表 4–2–1 所示。

表 4 – 2 – 1　经典 OPC 技术标准

标准	主要版本	主要内容
OPC Data Access	V1.0, 2.0, 3.0	数据访问规范
OPC Alarm and Events	V1.10, 1.00	报警与事件规范
OPC Historical Data Access	V1.2, 1.0	历史数据存取规范

OPC 使用时分为 OPC 客户端（OPC Client）与 OPC 服务器（OPC Server），OPC 服务器看作是协议转换器，OPC 服务器使用设备的专用协议与设备通信，然后使用 OPC 规范定义的标准化格式提供对该数据的访问。通常情况下，OPC 服务器在 OPC 客户端请求读取或写入数据之前不会执行任何操作。而某些 OPC 服务器可以配置为即使在没有客户端请求的情况下也可以从设备轮询数据。这通常是为了允许 OPC 服务器在其内部缓存中就具有当前数据并且在客户端请求它时就已经准备就绪（需要以产生可能不需要的通信流量为代价）。目前许多 OPC 服务器为用户提供了灵活性，可以根据应用需求来进行配置。

使用 OPC 服务器，它们可以缓存或保留从设备读取的最后一个值。它们还会在缓存中为数据加时间戳（Timestamps），通常使用 OPC 服务器从设备读取值的时间。某些设备存储上次更改数据的时间戳，并可使用设备特定的通信协议将其传递给 OPC 服务器。如果设备支持该设备并且 OPC 服务器支持它，那么则可以使用设备时间戳。

OPC 质量是 OPC 服务器告诉 OPC 客户更多关于它们提供价值的一种方式。这样做的方法是传递一个数字以及值和时间戳。在 OPC 中我们称为 VQT 或 "Value, Quality, Timestamp"（"价值、质量、时间戳"）。OPC 质量编号实际上是通过设置字位来确定的，这会导致产生不同的值。值 192 表示质量良好，这意味着 OPC 服务器最后一次轮询设备能够成功获取数据，因此 OPC 客户端可以信任该值。值为 0 表示质量不佳，通常表示 OPC 服务器与其轮询的设备之间存在通信故障。

OPC DA 服务器在客户端程序（通常是 SCADA 系统）和终端设备之间提供数据交换（写入和读取）。OPC 中的数据是具有某些属性的标签变量。变量可以是 OLE 中允许的任何类型：各种整数和实数类型、布尔值、字符串、日期、数组等。属性可以是必需的、推荐的或自定义的。

OPC HDA 历史数据访问规范定义了可应用于历史数据、时间数据的查询和分析方法。它定义了很多聚合行为，是一些在检索数据时可以汇总特定时间域内各数据值的方法。它可以用来创建简单的趋势数据服务器和比较复杂的数据压缩与分析服务器，这些服务器能够提供汇总数据、历史更新、历史数据注释和回填。

OPC AE 是 OPC 基金会制定的用于将各系统之间共享报警和事件信息的方式标准化的规范。借助这一规范，AE 客户端可以接收有关设备安全限制、系统错误和其他异常情况的警报和事件通知。

4.2.3　经典 OPC 面临的问题

1）组件对象模型（COM）/分布式组件对象模型（DCOM）的终止
传统 OPC 应用之间的数据交换是基于微软的组件对象模型（COM）技术。因为

Windows 操作系统在世界范围内得到了广泛的应用，同时也促进了 Windows 计算机在自动化中的使用，所以 COM 技术也为 OPC 技术的广泛使用创造了条件。

2002 年年初，微软发布了新的 .NET 框架并且宣布 COM 技术停止研发。虽然这不意味着将来的视窗操作系统不支持 COM，但作为停止的结果，传统 OPC 的基础技术已经不再发展，或早或晚要被淘汰，所以要寻求新的替换方案。

2）COM 的局限

20 世纪 90 年代，随着视窗计算机的普及，微软 COM/DCOM 技术引入的一组特性得到家庭计算机用户和工业自动化用户的高度欣赏。这些特性包括了复制与粘贴，拖拽与投放，链接与嵌入。

DCOM 还提供了完整的通信基础架构，并带有必要的安全机制，诸如授权、鉴权和加密。DCOM 安全机制能够实现计算机对数据和程序的远程访问。但 DCOM 安全机制同时也对安装工程师、系统集成商和开发者管理项目提出了挑战，其中包括了跨越 PC 的 OPC 通信。

正确地设置 DCOM 安全功能是非常困难的任务，需要很多专业知识。安装工程师和系统集成商会例行公事地选择快速流程，对所有联网的 OPC 计算机采取宽松的访问授权，造成大多数保护不起作用且允许非授权远程访问。这种做法与信息技术（IT）安全的要求相违背。在长期运行时，可能会有粗心大意者或者蓄意破坏的人造成损害的危险。DCOM 安全设置常常需要一种特别才能，而配置 OPC 通信功能则非常容易。

3）OPC 通信穿过防火墙

在自动化行业，很早就认识到 OPC 通信需要跨越计算机边界的必要性，这是另一个 DCOM 限制传统 OPC 通信的地方。DCOM 需要多个端口，如鉴权、传输数据和一系列服务建立一个连接。所以，在防火墙中不得不打开很多端口，才能让 DCOM 通信穿过它。在防火墙上每打开一个端口都是一个安全隐患，为黑客攻击提供了一种潜在可能。OPC UA 中的隧道技术是一种被广泛接受的策略，解决了传统 OPC 产品中 DCOM 限制的问题。

4）在非 Windows 平台使用 OPC

在工业应用中，几乎"无所不在"的微软平台，把 DCOM 作为操作系统的一个组件是传统 OPC 能被快速接受的一个重要因素。但是同时，OPC 的集成概念在使用其他操作系统时就不灵光了，因为它们不支持 DCOM。例如在 IT 行业，常常使用 UNIX 或者 Linux 系统就是这种情况。

自动化也是这样，有的应用领域明确拒绝使用 Windows 操作系统。嵌入式设备领域是另一个 Windows 很难（除了 Windows CE 或者嵌入 XP）涉及的领域。这里，复杂的应用直接嵌入到现场设备、PLC、操作屏和其他设备中。它们运行 VxWorks、QNX、嵌入式 Linux、RTOS 或者其他嵌入式操作系统而没有 DCOM。在这些领域里使用 OPC 的集成概念注定要失败，因为 OPC 需要 DCOM 作为技术基础，而这个基础在嵌入式系统中正好缺失。

5）通过 Web 服务实现跨平台的 OPC 通信

随着 2003 年 OPC XML – DA 规范的发布，OPC 基金会第一次展示了一种独立于 Windows 平台的方式和克服 DCOM 限制的方法。

今天，很多 OPC XML – DA 产品演示了基于 Web 服务的 OPC 技术。但是 XML – DA 通信的数据吞吐量还是比不上 DCOM，通信速度要慢很多，这个速度远不能满足很多自动化的要求。基于 Web 服务的 OPC 通信功能还是有用的，因为实现了跨越操作系统的能力，但还要进一步提高数据传输性能。

6）缺乏统一数据模型

迄今为止，传统的 OPC 技术已有三种不同的 OPC 服务器——数据访问服务器、报警与事件服务器和历史数据访问服务器。

如果用户需要获取一个温度传感器的当前值、一个温度超过限定值的事件和一个温度的历史平均值，那么他必须发送三个请求，访问三个服务器。用户访问过程数据、事件和历史数据用不同的方法要花费很多时间。

所以，统一这三种对象模型可以使这样的事情变得非常简单，不仅对 OPC 产品的供应商有利，也对系统集成商和用户有利。

7）如何保证通信不丢失数据

最早定义的数据访问，可以让客户应用程序周期获得过程数据的当前状态。如果在 OPC 客户机和远程 OPC 服务器之间的物理通信连接发生了问题，数据通信会受到损坏。当通信损坏时，传输到 OPC 客户机的数据会发生改变，甚至丢失。这种数据丢失在有些数据访问应用中不是关键的，诸如趋势记录、过程监视或者过程显示。

但是在有些场合的应用中是非常关键的。例如，OPC 技术已经成为某些区域的基础，诸如化工或者石化工业，这些地方要求必须无缝地记录数据。为了达到这个目标，供应商需要实施特殊扩展的方法。他们使用基于连接的监视系统，确保对断开的通信快速检测，如果通信断开能够自动重新连接，在数据访问服务器中有数据缓存、冗余、存储和转发功能。这些扩展的方法很有用，但在传统的 OPC 规范中没有定义，会因供应商不同而不同。

8）如何对非授权数据访问增加保护

随着自动化行业基于以太网的通信不断增长，自动化和办公室网络已经纠缠在一起。同时，垂直集成的想法产生了新的需求，这种类型的集成也带来了新的安全风险。

OPC 也增加了远程维护和远程控制概念的使用。对外围非授权的访问，必须满足更严格的信息安全要求。

随着网络犯罪、间谍和破坏活动的增长，信息技术安全越来越重要，所以使用 OPC 也有了安全要求。传统的 OPC 供应商没有开发专有的预防措施，所以不能满足这些安全要求。

9）需要支持新的命令调用

在很多应用中，不仅读写数值非常重要，而且执行命令也非常重要，诸如启动或者停止一台驱动器或者把一个文件下载到设备中。

OPC 命令规范定义了执行这些命令的方法，但这仅在 OPC UA 中有效，不能在传统的 OPC 中使用。

4.2.4　OPC 统一架构

OPC 统一架构（OPC Unified Architecture，OPC UA）是 OPC 基金会（OPC Foundation）创建的新技术，更加安全、可靠、中性（与供应商无关），为制造现场到生产计划或企业资源计划（ERP）系统传输原始数据和预处理信息。使用 OPC UA 技术，

工业通信协议
OPC UA

所有需要的信息可随时随地到达每个授权应用和每个授权人员。

OPC UA 独立于制造商，应用可以用它通信，开发者可以用不同编程语言对它开发，不同的操作系统上可以对它支持。OPC UA 弥补了已有 OPC 的不足，增加了诸如平台独立、可伸缩性、高可用性和因特网服务等重要特性。

OPC UA 不再基于分布式组件对象模型（DCOM），而是以面向服务的架构（SOA）为基础。OPC UA 因此可以连接更多的设备。

今天，OPC UA 已经成为连接企业级计算机与嵌入式自动化组件的桥梁，独立于微软、UNIX 或其他操作系统。

OPC 基金会计划不仅在控制器和 SCADA 系统之间使用 OPC UA 传输数据，而且在现场级别，从传感器到控制器的各类物联网设备，以及从云中的本地系统使用 OPC UA 传输数据。为此，他们计划将 OPC UA 标准分为 4 个部分，具体取决于设备的性能及其所需的功能。

①Nano Embedded Device Server：适用于最小的传感器。

②微型嵌入式设备服务器：适用于廉价的 PLC。

③嵌入式 UA Server：适用于更强大的 PLC 和边界网关。

④标准 UA 服务器：支持所有功能的成熟实现。

可以肯定地说，尽管 OPC DA 标准仍在广泛使用，但它已不再满足现代自动化要求。它基于遗留技术，难以配置，不符合现代安全标准。它被现代 OPC UA 标准所取代，具有加密数据和构建从传感器到云的统一数据传输系统的能力。OPC UA 与 TSN 的联合使用显著扩展了实时数据传输技术的能力。

任务实施

4.2.5　通过 KEPServerEX 连接 OPC 服务器

①首次打开 KEPServerEX，可以看到软件给出了默认项目案例，在左侧项目列表中包含连接性、警报和事件、数据日志等多种功能插件，每个插件的功能可以在"帮助"→"插件帮助"中查询，如图 4 - 2 - 1 所示。

②单击"文件"→"新建"选项，在弹出的对话框中选择"离线编辑"，便可新建一个离线的 KEPServerEX 配置文件，如图 4 - 2 - 2 所示。

③在通过 KEPServerEX 建立 OPC 连接前，需要保证 OPC 服务器（案例使用 HMI 作为 OPC 服务器）与 KEPServerEX 可以连通，通过 IP 扫描可以得到如图 4 - 2 - 3 所示的信息。

测试 HMI 的 IP 地址为：192.168.0.121。

测试服务器的 IP 地址为：192.168.0.10。

④回到 KEPServerEX，我们需要为 OPC 添加一个连接通道，连接通道是指采用某种协议并用于连接工业设备的途径，其中可以包含多个实际设备，如图 4 - 2 - 4 所示。

⑤添加通道，选择通道类型为"OPC UA Client"，如图 4 - 2 - 5 所示，在该种数据采集的情境下，HMI 作为 OPC 服务器发布数据，装有 KEPServerEX 的服务器作为 OPC 客户端。

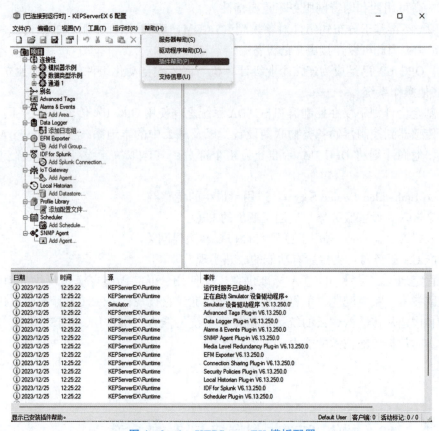

图 4 – 2 – 1   **KEPServerEX** 模板配置

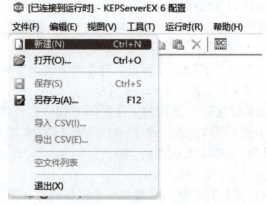

图 4 – 2 – 2   新建项目

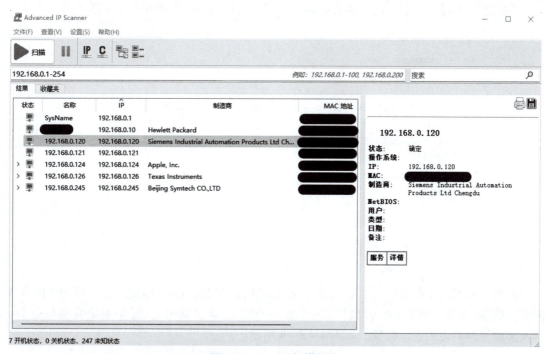

图 4 - 2 - 3　IP 扫描结果

图 4 - 2 - 4　添加连接通道

添加通道向导

选择要创建的通道类型：

OPC UA Client

图 4 - 2 - 5　选择创建通道类型

⑥指定通道的标识，即该通道的名称，如图 4 - 2 - 6 所示。

添加通道向导

指定此对象的标识。

名称：

OPC Test

图 4 - 2 - 6　指定对象标识

⑦选择写队列在多个写入时传递数据的方式与工作循环，如图 4 – 2 – 7 所示。

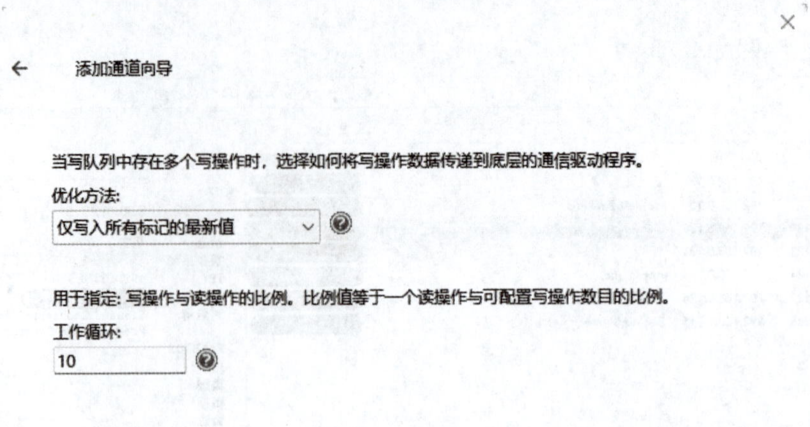

图 4 – 2 – 7　指定传递数据的方式与工作循环

⑧指定 OPC UA 服务器的 URL 地址，该地址的前缀为"opc. tcp：//"，后续为 OPC UA 服务器的 IP 地址"192. 168. 0. 121"和开放的 OPC 端口"4840"，安全策略有多项选择，本次实验暂时不使用安全配置，如图 4 – 2 – 8 所示。

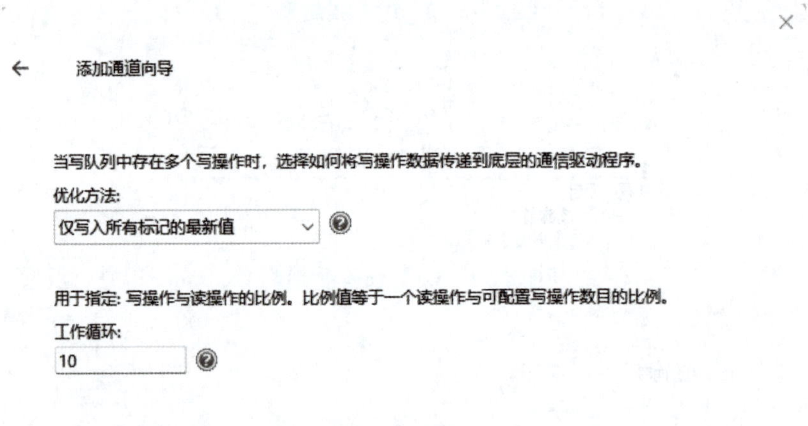

图 4 – 2 – 8　设置 OPC UA 地址与安全策略

⑨配置其他连接细节参数，如图 4 – 2 – 9 所示。

⑩在 OPC UA 需要提供有效用户名与密码用于身份验证的情况下，如图 4 – 2 – 10 所示，需填写相关参数，本实验使用的是准许匿名登录。

⑪总览设置并确认添加通道，如图 4 – 2 – 11 所示。

⑫通道添加完毕后如图 4 – 2 – 12 所示，单击下方图标添加设备。

4. 2. 6　在 KEPServerEX 添加 OPC 数据点

①添加设备，首先定义设备名称，我们可以直接使用设备代称"HMI"，如图 4 – 2 – 13 所示。

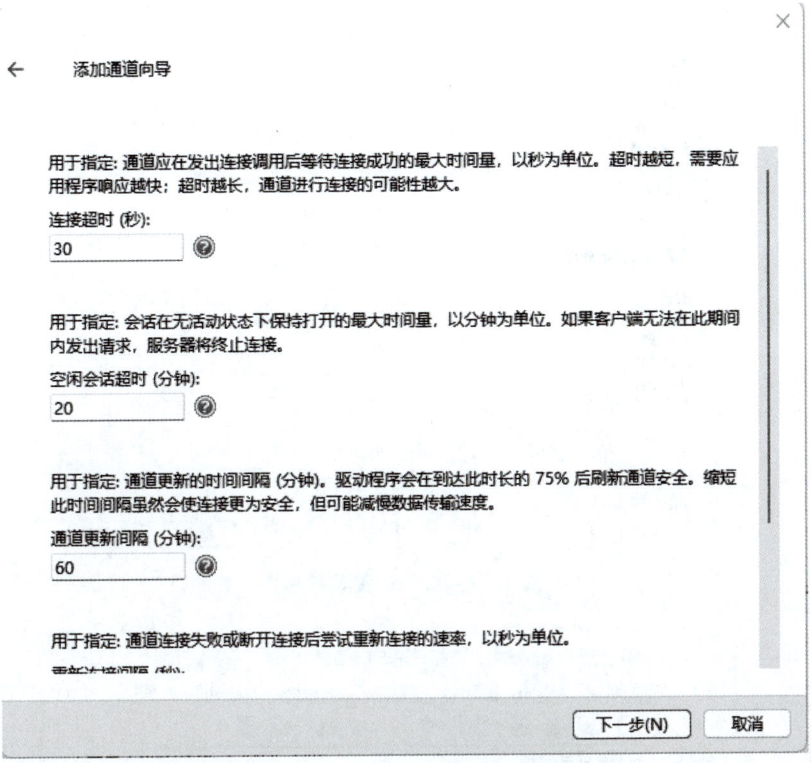

图 4 – 2 – 9　设置连接细节参数

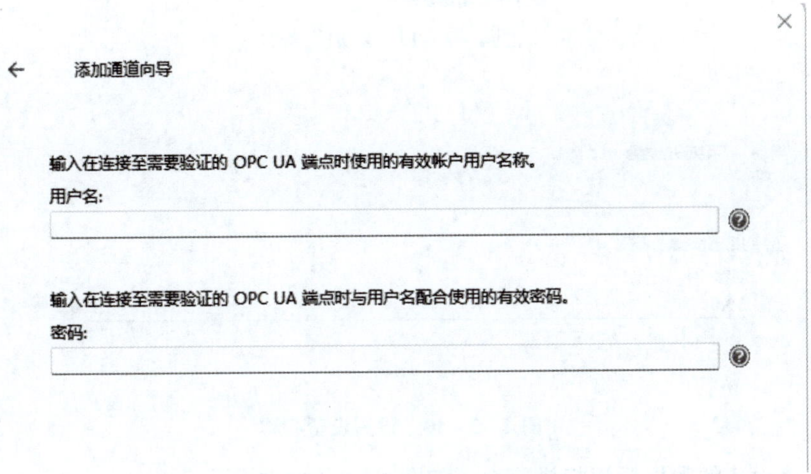

图 4 – 2 – 10　设置用户名与密码

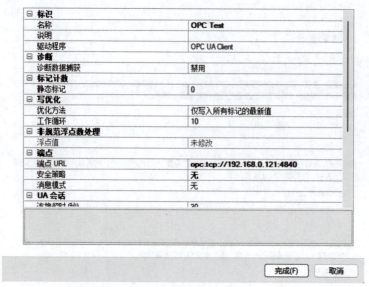

图 4 - 2 - 11　设置参数总览

图 4 - 2 - 12　添加设备

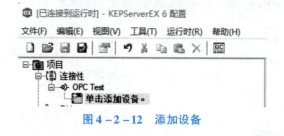

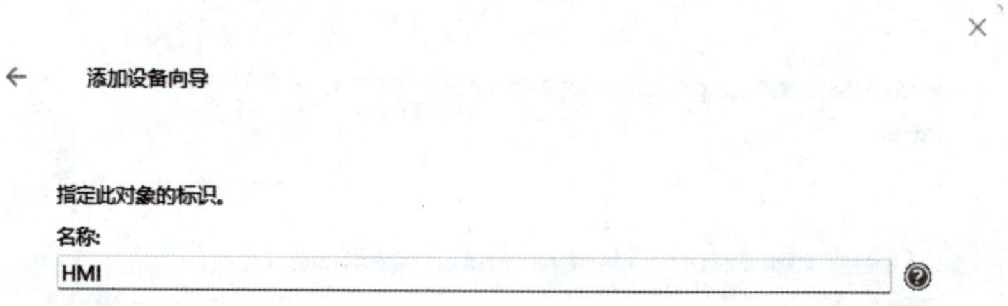

图 4 - 2 - 13　设置设备名称

②设置该设备的数据标记扫描速率，如图 4 - 2 - 14 所示。

③配置其他数据参数，如图 4 - 2 - 15 所示。

④按需配置死区范围，用于控制参数的抖动，如图 4 - 2 - 16 所示。

⑤单击"选择导入项"按钮，可以扫描 OPC 服务器的数据流表，并且选取数据添加为新标签，如图 4 - 2 - 17 所示。

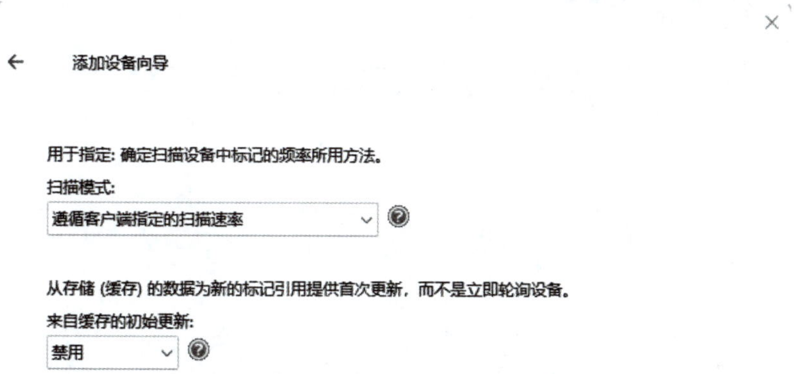

用于指定: 确定扫描设备中标记的频率所用方法。

扫描模式:

通循客户端指定的扫描速率

从存储 (缓存) 的数据为新的标记引用提供首次更新, 而不是立即轮询设备。

来自缓存的初始更新:

禁用

图 4 – 2 – 14　设置数据标记扫描速率

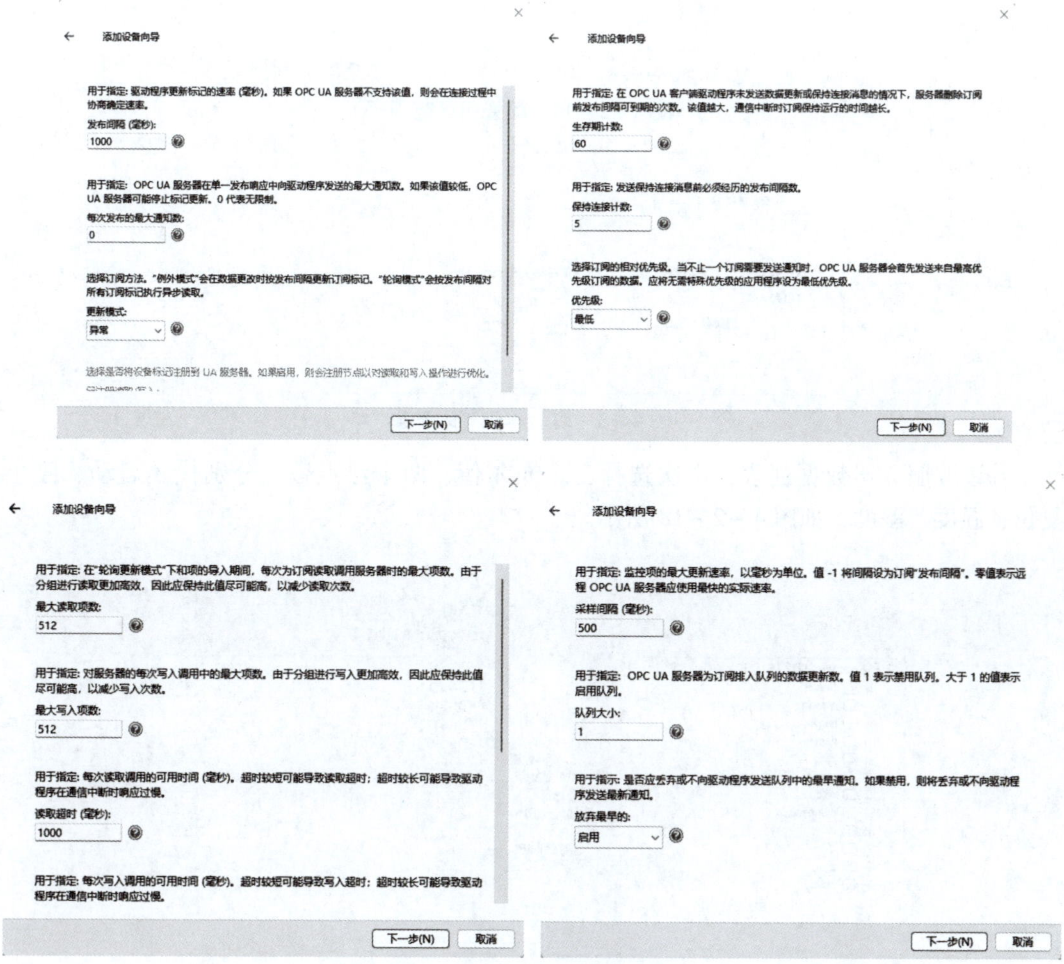

图 4 – 2 – 15　配置其他参数

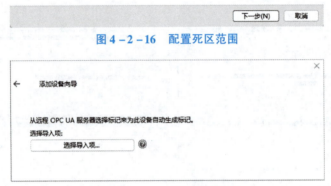

图 4 – 2 – 16　配置死区范围

图 4 – 2 – 17　单击导入数据

⑥读取服务器数据列表，本次选择三个布尔值、两个浮点数，分别代表启动、停止、复位、温度、湿度，如图 4 – 2 – 18 所示。

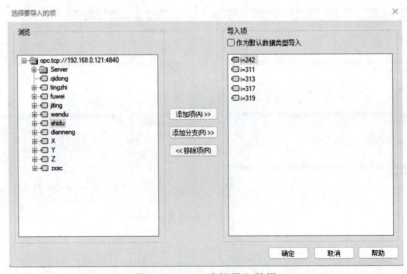

图 4 – 2 – 18　选择导入数据

⑦最终查看设置的参数，并确定添加设备，如图4-2-19所示。

图4-2-19 最终确认参数并完成

⑧添加完成后可以在主界面右侧数据列表查看已添加的数据标签，如图4-2-20所示。

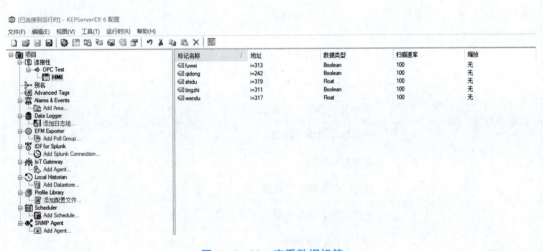

图4-2-20 查看数据标签

⑨单击工具栏最右侧的"QC"图标，"QC"是"Quick Client"的简称，是一个快速客户端，用于连接设备并显示实时数据，如图4-2-21所示。

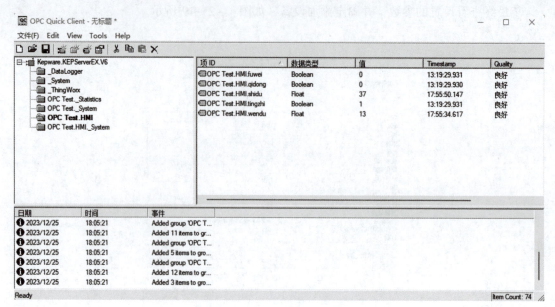

图 4 – 2 – 21　QC 实时数据显示

任务评价

任务评价如表 4 – 2 – 2 所示，总结反思如表 4 – 2 – 3 所示。

表 4 – 2 – 2　任务评价

评价类型	赋分	序号	具体指标	分值	得分		
					自评	组评	师评
职业能力	70	1	安装 KEPServerEX 软件	10			
		2	新建 KEPServerEX 工程	10			
		3	创建基于 OPC UA 的通道	15			
		4	创建连接 HMI 的设备	15			
		5	添加数据列表	10			
		6	在 QC 中查看实时数据	10			
职业素养	20	1	坚持出勤，遵守纪律	5			
		2	协作互助，解决难点	5			
		3	按照标准规范操作	5			
		4	持续改进优化	5			
劳动素养	10	1	按时完成，认真记录	5			
		2	保持工位卫生、整洁、有序	5			

表4-2-3　总结反思

总结反思	
目标达成：知识□□□□□　能力□□□□□　素养□□□□□	
学习收获：	教师寄语：
问题反思：	签字：

课后任务

1）回答与讨论

①理解并复述经典 OPC 的组件与作用。

②阐述 OPC UA 的优势。

③讨论常见的 OPC UA 协议使用场景。

2）巩固与提高

通过以上任务，同学们已经体验了使用 KEPServerEX 软件连接 OPC UA 服务器并查看实时数据。KEPServerEX 软件还可以搭建基于其他工业网络协议的数据通道，如 S7 协议、Modbus 协议，同学们可以尝试结合说明文档连接其他现场设备。另外 KEPServerEX 还有其他各类插件，尤其是 IoT Gateway 插件可以用于连接 MQTT 服务器，将数据发送出去。

工作任务单

《工业互联网安全与应用》工作任务单

工作任务			
小组名称		工作成员	
工作时间		完成总时长	
工作任务描述			

	姓名	工作任务	
小组分工			

任务执行结果记录			
序号	工作内容	完成情况	操作员
1			
2			
3			
4			

任务实施过程记录			
上级验收评定		验收人签名	

任务 4.3　MQTT 协议的配置与安全管理

学习目标

（1）了解 MQTT 协议的相关知识。
（2）理解 MQTT 的消息机制。
（3）学习 MQTT 服务器的架设方法。
（4）学习 MQTT 客户端的配置方法。
（5）了解最新的行业知识，培养自主创新的职业素养。

任务要求

（1）了解 MQTT 协议的起源与发展历史。
（2）了解 MQTT 的主要特征。
（3）能够叙述 MQTT 协议的工作原理。
（4）能够架设 MQTT 服务器并使用 MQTT 客户端测试。

知识准备

物联网
通信协议 MQTT

4.3.1　MQTT 协议的发展历程

　　MQTT 是一种基于发布/订阅模式的轻量级消息传输协议，专门针对低带宽和不稳定网络环境的物联网应用而设计，可以用极少的代码为联网设备提供实时可靠的消息服务。MQTT 协议广泛应用于物联网、移动互联网、智能硬件、车联网、智慧城市、远程医疗、电力、石油与能源等领域。

　　MQTT 协议由 Andy Stanford – Clark（IBM）和 Arlen Nipper（Arcom，现为 Cirrus Link）于 1999 年发布。

　　MQTT 必须具备以下几点：
　　①简单容易实现。
　　②支持 QoS（设备网络环境复杂）。
　　③轻量且省带宽（因为那时候带宽很贵）。
　　④数据无关（不关心 Payload 数据格式）。
　　⑤有持续地会话感知能力（时刻知道设备是否在线）。

　　据 Arlen Nipper 在 IBM Podcast 上的自述，MQTT 原名是 MQ TT，注意 MQ 与 TT 之间存在空格，其全称为：MQ Telemetry Transport，是 20 世纪 90 年代早期他在参与 Conoco Phillips 公司的一个原油管道数据采集监控系统（Pipeline SCADA System）时开发的一个实时数据传输协议。

　　它的目的在于让传感器通过带宽有限的 VSAT 与 IBM 的 MQ Integrator 通信。由于 Nipper 是遥感和数据采集监控专业出身，所以按业内惯例取了 MQTT 这个名字。

4.3.2　MQTT 的主要特征

MQTT 协议是工作在低带宽、不可靠的网络的远程传感器和控制设备通信而设计的协议，目前 MQTT 协议已成为物联网数据传输的标准，它具有以下特性：

1）轻量、高效

IoT 设备上的 MQTT 实施需要最少的资源，因此它甚至可以用于小型微控制器。例如，最小的 MQTT 控制消息可以少至两个数据字节。MQTT 消息的标头也很小，因此可以优化网络带宽。

2）可扩展

MQTT 实施需要最少的代码，在操作中消耗的功率非常少。该协议还具有支持与大量物联网设备通信的内置功能。因此，可以实施 MQTT 协议来连接数百万台此类设备。

3）可靠

许多 IoT 设备通过低带宽、高延迟的不可靠蜂窝网络连接。MQTT 具有内置功能，可减少 IoT 设备重新连接云所需的时间。它还定义了三种不同的服务质量级别，以确保 IoT 用例的可靠性。

①最多一次 QoS 0。消息发布完全依赖底层 TCP/IP 网络，会发生消息丢失或重复。这一级别可用于环境传感器数据，丢失一次读记录无所谓，因为不久后还会有第二次发送。这种方式主要通过普通 App 推送，倘若你的智能设备在消息推送时未联网，推送过去没收到，再次联网也就收不到了。

②至少一次 QoS 1。确保消息到达，但消息重复可能会发生。

③恰好一次 QoS 2。确保消息到达一次。在一些要求比较严格的计费系统中，可以使用此级别。在计费系统中，消息重复或丢失会导致不正确的结果。这种最高质量的消息发布服务还可以用于即时通信类的 APP 推送，确保用户收到且只会收到一次。

MQTT 还使用 Last Will 和 Testament 特性通知有关各方客户端异常中断的机制。

①Last Will。"遗言"机制，用于通知同一主题下的其他设备发送"遗言"的设备已经断开了连接。

②Testament。"遗嘱"机制，功能类似于 Last Will。

4）安全

MQTT 使开发人员可以轻松地使用现代身份验证协议（如 OAuth、TLS1.3、客户管理的证书等）加密消息并对设备和用户进行身份验证。

5）良好的支持

几种语言（如 Python）对 MQTT 协议的实施提供广泛的支持。因此，开发人员可以在任何类型的应用程序中以最少的编码快速实现它。

4.3.3　MQTT 协议的原理

1）MQTT 协议实现方式

实现 MQTT 协议需要客户端和服务器端通信完成，在通信过程中，MQTT 协议中有三种

身份：发布者（Publish）、代理（Broker）（服务器）、订阅者（Subscribe），如图 4 - 3 - 1
所示。

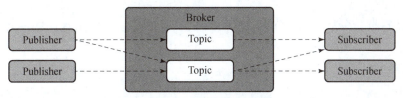

图 4 - 3 - 1　MQTT 的发布者、代理、订阅者

其中，消息的发布者和订阅者都是客户端，消息代理是服务器，消息发布者可以同时
是订阅者。

MQTT 传输的消息分为主题（Topic）和负载（Payload）两部分，Payload 可以理解为消
息的内容，是指订阅者具体要使用的内容。

2）网络传输与应用消息

MQTT 会构建底层网络传输：它将建立客户端到服务器的连接，提供两者之间的一个有
序的、无损的、基于字节流的双向传输。当应用数据通过 MQTT 网络发送时，MQTT 会把与
之相关的服务质量（QoS）和主题名（Topic）相关联，协议流程如图 4 - 3 - 2 所示。

MQTT协议流程图

发布者	服务器	订阅者
CONNECT →		← CONNECT
← CONNACK		CONNACK →
		← PINGREQ
PINGREQ →		PINGRESP →
← PINGRESP		← SUBSCRIBE / UNSUBSCRIBE
		SUBACK / UNSUBACK →
PUBLISH qos0 →		← PUBLISH qos0
PUBLISH qos1 →		← PUBLISH qos1
← PUBACK qos 1		PUBACK qos 1 →
PUBLISH qos2 →		← PUBLISH qos2
← PUBREC qos2		PUBREC qos2 →
PUBREL qos2 →		← PUBREL qos2
← PUBCOMP qos2		PUBCOMP qos2 →
DISCONNECT →		← DISCONNECT

图 4 - 3 - 2　MQTT 协议流程

3）MQTT 客户端

MQTT 客户端是一个使用 MQTT 协议的应用程序或者设备，它总是建立到服务器的网络
连接。客户端可以：

①发布其他客户端可能会订阅的信息。

②订阅其他客户端发布的消息。

③退订或删除应用程序的消息。

④断开与服务器连接。

4）MQTT 服务器

MQTT 服务器也称为"消息代理"（Broker），可以是一个应用程序或一台设备。它位于消息发布者和订阅者之间，可以：

①接受来自客户的网络连接。

②接受客户发布的应用信息。

③处理来自客户端的订阅和退订请求。

④向订阅的客户转发应用程序消息。

5）MQTT 协议中的订阅、主题和会话

订阅（Subscription）：包含主题筛选器（Topic Filter）和最大服务质量（QoS）。订阅会与一个会话（Session）关联。一个会话可以包含多个订阅。每个会话中的每个订阅都有一个不同的主题筛选器。

会话（Session）：每个客户端与服务器建立连接后就是一个会话，客户端和服务器之间有状态交互。会话存在于一个网络之间，也可能在客户端和服务器之间跨越多个连续的网络连接。

主题名（Topic Name）：连接到一个应用程序消息的标签，该标签与服务器的订阅匹配。服务器会将消息发送给订阅所匹配标签的每个客户端。

主题筛选器（Topic Filter）：一个主题名通配符筛选器，在订阅表达式中使用，表示订阅所匹配到的多个主题。

负载（Payload）：消息订阅者所具体接收的内容。

6）MQTT 协议中的方法

MQTT 协议中定义了一些方法（也被称为动作），用于表示对确定资源进行操作。这个资源可以代表预先存在的数据或动态生成的数据，取决于服务器的实现。通常来说，资源指服务器上的文件或输出。主要方法有：

①Connect：等待与服务器建立连接。

②Disconnect：等待 MQTT 客户端完成所做的工作，并与服务器断开 TCP/IP 会话。

③Subscribe：等待完成订阅。

④UnSubscribe：等待服务器取消客户端的一个或多个 Topic 订阅。

⑤Publish：MQTT 客户端发送消息请求，发送完成后返回应用程序线程。

4.3.4　MQTT 协议的安全

1）MQTT 加密

MQTT 是基于 TCP 的，默认情况下通信并不加密。如果需要传输敏感信息或者对设备进行反控，使用 TLS 几乎是必需的。

TLS 是非常成熟的安全协议，在握手时便可以创建安全连接，使得黑客无法窃听或者篡改内容。使用 TLS 时有以下注意点：

①尽可能使用高版本的 TLS。

②验证 X509 证书链防止中间人攻击。

③尽量使用有 CA 发布的证书。

当然，TLS 会增加连接时的开销，对低运算能力的设备而言是额外的负担，不过如果设备是长连接的话就会避免反复连接的开销。

2）MQTT 认证

MQTT CONNECT 报文使用用户名和密码支持基本的网络连接认证，这个方法被称为简单认证。该方法也可以被用来承载其他形式的认证，例如把密码作为令牌（Token）传递。

服务器在收到 CONNECT 报文后，可以通过其包含的用户名和密码来验证客户端的合法性，保障业务的安全。

相比于增强认证，简单认证对于客户端和服务器的算力占用都很低，对于安全性要求不是那么高，计算资源紧张的业务，可以使用简单认证。

但是，在基于用户名和密码这种简单认证模型的协议中，客户端和服务器都知道一个用户名对应一个密码。在不对信道进行加密的前提下，无论是直接使用明文传输用户名和密码，还是给密码加个哈希的方法都很容易被攻击。

基于更强的安全性考虑，MQTT v5 增加了新特性增强认证，增强认证包含质询/响应风格的认证，可以实现对客户端和服务器的双向认证，服务器可以验证连接的客户端是否是真正的客户端，客户端也可以验证连接的服务器是否是真正的服务器，从而提供了更高的安全性。

增强认证依赖于认证方法和认证数据来完成整个认证过程，在增强认证中，认证方法通常为 SASL（Simple Authentication and Security Layer）机制，使用一个注册过的名称便于信息交换。但是，认证方法不限于使用已注册的 SASL 机制，服务器和客户端可以约定使用任何质询/响应风格的认证。

任务实施

在 Linux 上架设 EMQX 服务器

4.3.5 在 CentOS7 上部署 MQTT 服务器（以 EMQX 为例）

①打开终端，配置 EMQX 的 Yum 源，代码如下，如图 4 - 3 - 3 所示。

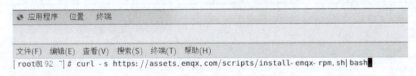

应用程序 位置 终端

文件(F) 编辑(E) 查看(V) 搜索(S) 终端(T) 帮助(H)

[root@192 ~]# curl -s https://assets.emqx.com/scripts/install-emqx-rpm.sh|bash

图 4 - 3 - 3 添加 EMQX 源

代码：curl -shttps://assets.emqx.com/scripts/install-emqx-rpm.sh|bash

②等待配置完成，如图 4 - 3 - 4 所示。

③为了安装 Openssl11，需要先安装 EPEL 软件包，代码如下，安装完成后如图 4 - 3 - 5 所示。

图 4 – 3 – 4　Yum 换源完成

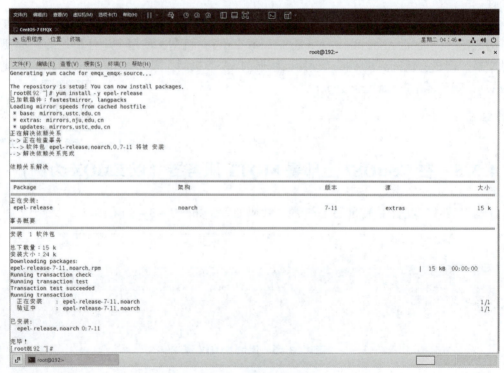

图 4 – 3 – 5　安装 EPEL 软件包

代码：`yum install -y epel-release`

④更新 Yum 列表，代码如下，需要等待一定的时间，完成后状态如图 4 – 3 – 6 所示。

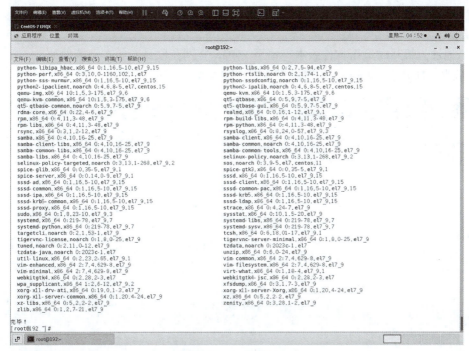

图 4 – 3 – 6 更新 Yum

代码：`yum update -y`

⑤出于保存文件目的，使用下载后安装的方式，首先下载 EMQX 文件，代码如下，下载完成后如图 4 – 3 – 7 所示。

图 4 – 3 – 7 下载 EMQX 安装包

代码：`wget https://www.emqx.com/zh/downloads/broker/5.3.2/emqx-5.3.2-el7-amd64.rpm`

（该地址为编写时最新软件版本，请至 EMQX 官网获取最新版本链接地址。）

⑥安装 EMQX，代码如下，完成后如图 4-3-8 所示。

图 4-3-8　完成 EMQX 安装

代码：`sudo yum install emqx-5.3.2-el7-amd64.rpm -y`

（该名称为编写时最新软件版本，请使用下载对应的名称。）

⑦启动 EMQX 并设置开机启动，代码如下。

代码：

```
systemctl start emqx
systemctl enable emqx
```

⑧打开浏览器访问 http：//localhost：18083/便可进入 EMQX 控制台，默认用户名 "admin"，默认密码 "public"，如图 4-3-9 所示。

4.3.6　在 Windows 部署 MQTT 客户端

在 Windows 上模拟 MQTT 客户端

①通过安装包安装 MQTTX 客户端，当前版本为 1.9.6，如图 4-3-10 所示。

②运行 MQTTX，进入主界面，如图 4-3-11 所示。

③单击 "New Connection" 创建新连接，如图 4-3-12 所示输入新连接所需部分参数。其中 Name 为连接的名称，建议使用对连接目的简明易懂的描述；ClientID 为客户端 ID，相当于客户端的身份证，需要有唯一性，用于区别不同的客户端；Host 填写的是连接类型与服务器地址，本次类型选择 mqtt：//，需要保证客户端可以和服务器连通；Port 为端口，MQTT 默认端口 1883。

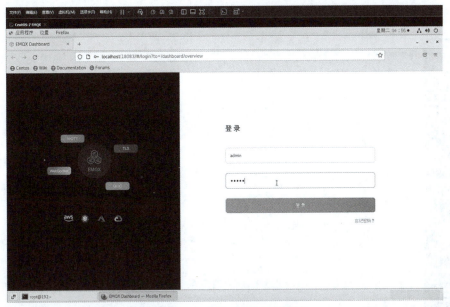

图 4 – 3 – 9　进入 EMQX 控制台

图 4 – 3 – 10　安装 MQTTX

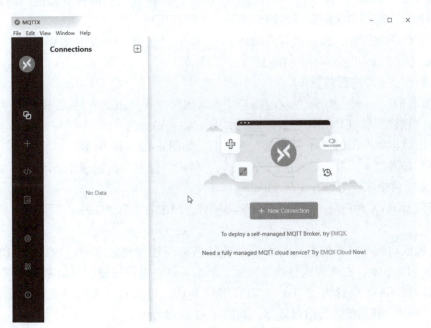

图 4 – 3 – 11　MQTTX 主界面

图 4 – 3 – 12　配置部分连接参数

④填写 Username（用户名）与 Password（密码），由于我们的服务器使用的是用户名、密码验证身份，需要切换回服务器端，添加一个测试用户。

单击左侧盾牌图标，选择"客户端认证"，单击"创建"按钮，依次选择：

"认证方式"→"Password – Based"；

"数据源"→"内置数据库"；

"配置参数"→账号类型"username"、密码加密方式"sha256"、加盐方式"suffix"。

单击"创建"按钮得到用户数据库，如图 4 – 3 – 13 所示。

⑤单击数据库右侧的"用户管理"选项卡，如图 4 – 3 – 14 所示。

⑥单击右侧"＋"号，输入用户名、密码，单击"保存"按钮创建新用户，如图 4 – 3 – 15，此时创建两个账户 UserTest 与 Viewer。

⑦回到 MQTTX 客户端，将用户名和密码填好，单击右上角"Connect"命令，如图 4 – 3 – 16 所示。

⑧连接成功后可以看到左侧显示当前连接名称与连接地址 Test@ 192. 168. 10. 1：1883，如图 4 – 3 – 17 所示，右侧为消息收发面板，顶端有红色电源按钮，可以断开连接。

⑨默认将 Topic 设置为"Test"，内容维持默认，单击右下角绿色的箭头，则会发送 Topic 为"Test"的当前内容给服务器，如图 4 – 3 – 18 所示。

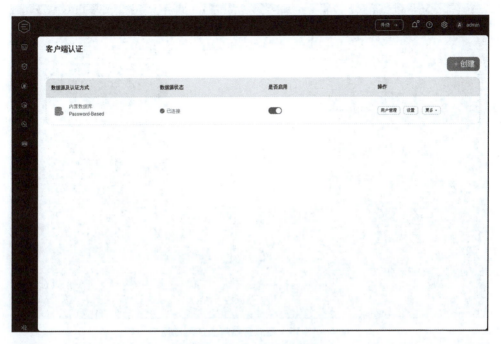

图 4 – 3 – 13　创建用户数据库

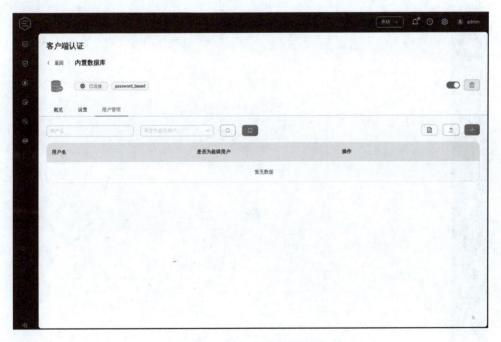

图 4 – 3 – 14　用户管理界面

图 4 – 3 – 15　在服务器端添加测试用户

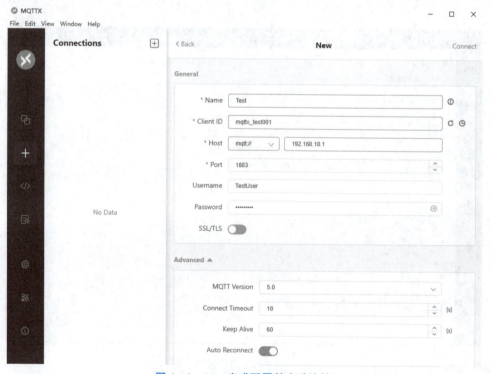

图 4 – 3 – 16　完成配置并启动连接

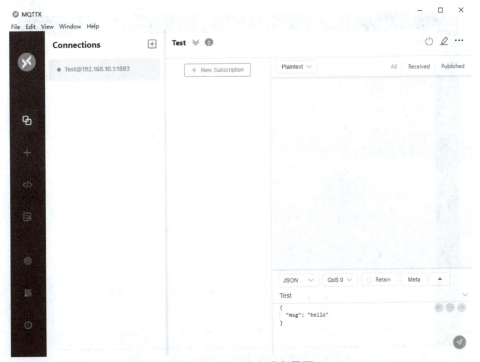

图 4 – 3 – 17　进入消息界面

图 4 – 3 – 18　发送默认消息

⑩切换到服务器界面，单击左侧显示器图标，单击"集群概览"，可以看到现在在线连接数为 1，有一条消息流入，证明刚才的信息发到了服务器，如图 4 – 3 – 19 所示。

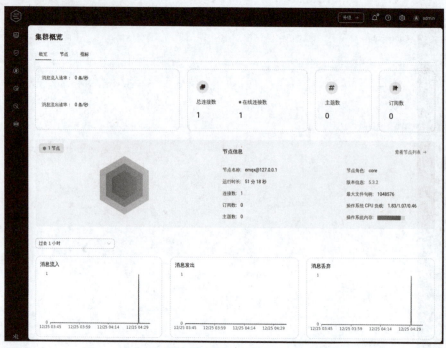

图 4 – 3 – 19　在服务器查看客户端在线与信息发送情况

⑪接下来尝试获取发送的信息，在左侧单击放大镜图标，单击"WebSocket 客户端"，如图 4 – 3 – 20 所示配置参数，单击"连接"按钮。

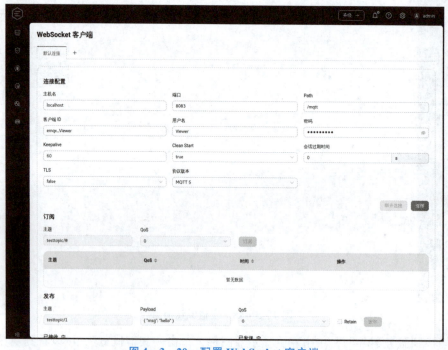

图 4 – 3 – 20　配置 WebSocket 客户端

⑫设置订阅参数，单击"订阅"按钮，如图 4 – 3 – 21 所示。

图 4 – 3 – 21　订阅 Test 内容

⑬回到客户端，在消息编辑中编入信息并发送，如图 4 – 3 – 22 所示。

图 4 – 3 – 22　发送消息

⑭切换到服务器，可以看到 WebSocket 客户端已经收到消息，如图 4 – 3 – 23 所示。

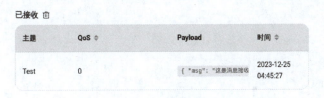

图 4 – 3 – 23　服务器接收到信息

任 务 评 价

任务评价如表 4 – 3 – 1 所示，总结反思如表 4 – 3 – 2 所示。

表4-3-1 任务评价

评价类型	赋分	序号	具体指标	分值	得分		
					自评	组评	师评
职业能力	70	1	Yum 换源并添加 EPEL 包	10			
		2	安装 EMQX	10			
		3	开启 MQTT 服务器	10			
		4	安装 MQTTX 客户端	10			
		5	将 MQTTX 客户端连接至服务器	10			
		6	创建 WebSocket 客户端并连接	10			
		7	通过 MQTTX 客户端发信息并使 WebSocket 客户端接收到	10			
职业素养	20	1	坚持出勤，遵守纪律	5			
		2	协作互助，解决难点	5			
		3	按照标准规范操作	5			
		4	持续改进优化	5			
劳动素养	10	1	按时完成，认真记录	5			
		2	保持工位卫生、整洁、有序	5			

表4-3-2 总结反思

总结反思	
目标达成：知识□□□□□ 能力□□□□□ 素养□□□□□	
学习收获：	教师寄语：
问题反思：	签字：

课后任务

1）回答与讨论

①简述 MQTT 的优势。

②简述 MQTT 中发布者、代理、订阅者的关系。

③简述 MQTT 中消息质量 QoS 0、QoS 1、QoS 2 的区别。

2）巩固与提高

通过以上任务，同学们已经体验了在 Linux 服务器上建立 MQTT 服务器以及在客户端测试 MQTT 服务器，以同样的配置方式就可以将支持 MQTT 的物联网网关设备接入服务器，请同学们参考各家物联网网关的说明书进行配置测试。

工作任务单

《工业互联网安全与应用》工作任务单

工作任务				
小组名称		工作成员		
工作时间		完成总时长		
工作任务描述				

小组分工	姓名	工作任务		

任务执行结果记录			
序号	工作内容	完成情况	操作员
1			
2			
3			
4			

任务实施过程记录		
上级验收评定		验收人签名

参 考 文 献

[1]中国工业互联网产业联盟.2022年中国工业互联网安全态势报告[R/OL].2023－07－03[2023－12－01].https://www.aii－alliance.org/uploads/1/20230703/b8529f979629ece3e8d0271cff064d18.pdf.

[2]中国工业互联网产业联盟.5G全连接工厂建设白皮书(2022年)[R/OL].2023－06－19[2023－12－01].https://www.aii－alliance.org/uploads/1/20230619/a9c2ddfc38a4eacf92dc9a84bd3e1e19.pdf.

[3]中国工业互联网产业联盟.工业网络3.0白皮书(2022年)[R/OL].2023－06－19[2023－12－01].https://www.aii－alliance.org/uploads/1/20230619/c9414670235324ba4bd053a1a83deddb.pdf.

[4]华为技术有限公司.S300,S500,S2700,S3700,S5700,S6700,S7700,S7900,S9700系列交换机典型配置案例[EB/OL].2023－09－01[2023－12－01]https://support.huawei.com/enterprise/zh/doc/EDOC1000069491.

[5]深信服科技.SANGFOR_GAP安全隔离与信息交换系统_v3.0_用户手册[EB/OL].2018[2023－12－01].https://file.sangfor.com.cn/platform/download/download/attachment/forum/4ec3b7cc709bb5e547267110b38c2fe5a0c14ddb60bc774ab0c16224e44f7a95.attach?data=f7ced11a8971b0c9b338adb7398fb1587aa9abb51467d0b0d1d395467d9820bc64ee80ea750a74eb30e1bfb58f7beaca777abe505ada65148bbee5936d832923d7edeead22e151acbb2973034be8c9aab20e7f29186f81ebb339b42f3a235895eccc265038e671ad86f29280a46b9420690941a100b6da4156918b1ad4412c59a859a0cdbc07d1cce56dbbd8203487bacdbbf4327af24f131a93aa6c5385036f8b4940d6fbe67bbc4de97e8681d8c52e6242603686e733bc017f789554ccbefde28a532e57ae56eb8afb5806e0f021c5f3c4a5e173adf14d3f7c9e1a4a51bcbb257aa5ae99738b3f58f087444a78093ef84477d78eba12cc238b00a1ea686a4d771a9f45b37623b144552d0b32f90c47651eae0ebc84a14f06d1894209fb3142.

[6]中国移动.中国移动NB－IoT安全白皮书[R/OL].2017－11－24[2023－12－01].http://iot.10086.cn:81/Uploads/file/20171222/20171222084728_77259.pdf.

[7]杭州映云科技有限公司.面向物联网的数据基础设施白皮书[R/OL].2021－11－26[2023－12－01].https://www.emqx.com/zh/resources/data－infrastructure－for－iot.

[8]杭州映云科技有限公司.2023 MQTT协议入门教程[EB/OL].2023－04－24[2023－12－01].https://www.emqx.com/zh/resources/beginners－guide－to－the－mqtt－protocol.

图 2 - 1 - 4　对设备进行连线

图 2 - 1 - 5　运行设备